Erika Albrecht

IM EWIGEN JETZT

Erika Albrecht

IM EWIGEN JETZT

Erfahrung lebendiger Eckhart-Mystik

Mit einem Vorwort
von
Karlfried Graf Dürckheim

AURUM VERLAG · FREIBURG IM BREISGAU

1975
ISBN 3 591 00007 8

Gesamtherstellung: Landsberger Verlagsanstalt, Landsberg am Lech.

VORWORT

Das Buch »Im Ewigen Jetzt – Erfahrung lebendiger Eckhart-Mystik« von Frau Dr. Erika Albrecht gliedert sich ein in die Reihe der Zeichen für eine in den Menschen unserer Zeit neu aufsteigende metaphysische Kraft. Es ist die Kraft unseres wahren *Wesens,* das allzu lange verstellt war. Dies Wesen ist die Weise, in der das größere göttliche Leben in uns anwest und in uns und durch uns offenbar werden möchte in der verteufelten Welt. Es manifestiert sich als die Fülle aus unserem himmlischen Ursprung, als das Licht des uns innewohnenden Wortes, als das nie erlöschende Fünklein unseres göttlichen Kerns, dessen Weite und Tiefe zu aller Zeit den Horizont unseres Welt-Ichs überschreitet, und als die Wärme aus dem Herzen unserer wahren Heimat. Es ist die Wirklichkeit des dem Menschen eingeborenen größeren Lebens, von dem er sich, weil er ein Mensch ist, mit der Entwicklung seines rationalen Bewußtseins abkehrt, zu dem hin er aber, wenn er ein Mensch bleibt, sich immer wieder sehnt. Je mehr er sich von ihm abkehrt und sich in der Oberfläche seines raum-zeitlich bedingten Lebens verliert, umso tiefer erleidet er das Leiden der Ferne; umso mehr aber naht sich auch der Augenblick neuen Durchbruchs zum Wesen. Die Nähe zu diesem Durchbruch kennzeichnet die Grundspannung in den zukunftsträchtigen Menschen unserer Zeit.

Der Großmeister und Lehrer dieses Durchbruchs ist Meister Eckhart. »Ein Geist wie Meister Eckhart«, so sagte mir vor kurzem einer der führenden Männer des heutigen Indien, »stirbt nicht, er lebt«. Und er meinte das nicht im Sinn einer üblichen Rede von der Unsterblichkeit eines großen Geistes, der im Gedächtnis der Nachwelt fortlebt, sondern er meinte das ganz real, eine gleichsam handgreiflich spürbare und uns immer wieder ergreifende Präsenz seines lebendigen Wesens. Und so ist es auch. Meister Eckhart ist »da«. Und den Vielen, die unsere gottferne Zeit an den Rand der Existenz gebracht und zum initiatischen Sprung bereit gemacht hat, ist er Wegweiser und ermutigender Begleiter zugleich.

Es ist zu begrüßen, daß eine Frau wie Erika Albrecht, in der sich die Tiefe der Erfahrung mystischen Erlebens verbindet mit der Sachlichkeit des historischen Gelehrten und der Bildkraft des Dichters, den Mut hat, uns Meister Eckhart in so zeitnahen Bildern begegnen zu lassen. Man erfährt ihn hier, als sei man selbst dabeigewesen.

KARLFRIED GRAF DÜRCKHEIM

EINLEITUNG

Die folgenden Blätter wollen eine Begegnung mit Meister Eckhart vermitteln. Mit einem Menschen, der aus dem Schwergewicht seines Ewigkeitsgehalts heraus in einer bestimmten Zeit lebte, ihn auf seine Umwelt übertrug, in der Verschmelzung sowie im Zusammenprall beider sein Schicksal erfuhr.

Der Meister lebte nicht nur in seiner historischen Umwelt. Noch immer ist Welt um ihn. Auch heute gibt es Menschen, die er in seine Ewigkeitssicht wie in eine letztmögliche menschliche Urverwandtschaft aufnimmt. Den zeitlosen Hintergrund seiner Welt durchsichtig zu machen, ist daher die weitere Absicht des Büchleins.

Die Begegnung mit dem Meister soll hergestellt werden durch Heranführung an seine Lebenslage, soweit das möglich ist, an sein Werk, was hier nur indirekt geschehen kann, an einen gleichartigen zeitüberhobenen Erfahrungsgehalt. Um dies letztere zu verdeutlichen: Eine heutige Mutter würde sich mit einer altägyptischen Mutter ohne weiteres über die Geburt ihres Kindes unterhalten können. Ein lebender Künstler wird einen Künstler früherer Zeiten verstehen, ja, sich in ihm verstehen lernen aus der gleichartigen schöpferischen Erlebnisgrundlage heraus. Die Kruste zeitbedingter Verhältnisse und Aussagen kann auch durchbrochen werden durch eine gleichgelagerte religiöse Urerfahrung, die dort wie hier zum Lebenszentrum wurde oder doch Organ für ihre Realität bildete.

Die Begegnung wird begrenzt durch den Blickwinkel der Verfasserin, die den Meister ja nur aus ihrer Erfahrungsweite erlebte, durch den Zwang zur Kürze, bei der oft ganze Bezirke seines Werkes in wenige Sätze zusammenfallen, durch die Unaussagbarkeit seines Hauptanliegens selbst, mit dem er als Mensch verschmolz. Damit mündet sie ein in das Grundlebensthema des Meisters: die Aussage des Unaussagbaren, dem großen Anliegen der Mystik aller Zeiten.

Mystik ist hier nicht zu verstehen in dem Sinne, in dem

das Wort so oft abwertend gebraucht wird, als ein verschwommenes Gefühl, dem nachzugehen nicht weiter lohnt. Unter Mystik ist hier zu verstehen, das transzendente Realerlebnis der unio mystica, die Heranführung, die Erfahrung, die Nachwirkung, in jeweils verschiedener Gradstufe. Da dieses Erlebnis außerhalb der Verstandesebene liegt, entzieht es sich der begrifflichen Aussage. Es gehört deshalb im weiteren Sinne auch dazu: der unbildhafte oder bildhafte Nachklang, das Umkreisen des Unvergleichlichen, seine Behütung, die Formsuche dafür, die Fähigkeit oder Unfähigkeit, es zu bezeugen, das vielleicht lebenslange Ringen darum, die Forderung, der Beglückungszwang dazu, die lebenslange Verpflichtung dafür.

Das späte Mittelalter ist unserer Zeit außerordentlich verwandt. Das trifft zu für das Nebeneinander der Lebensextreme, für die Entwertung geistiger Gehalte durch ihren Mißbrauch für Machtzwecke, für Weltendbefürchtungen u.a.m. Wir sind ihm aber auch ähnlich in dem heißen Verlangen nach einer größeren Tiefenschau. Es ist erstaunlich, bis zu welcher Tiefe Schutzbefohlene des Meisters zu leben vermochten und andererseits nur noch von seiner Warte her verstanden werden konnten.

Wie stehen wir heute zu Meister Eckhart? Ich möchte eine kaum bewußte und eine sehr ausgeprägte Form der Zuneigung zu ihm als zwei Umgrenzungen anführen: Man erlebt es oft, daß Menschen bei der Erwähnung seines Namens eine kleine Wende in sich vollziehen. Das Tagesgespräch wird abgesetzt. Es eilt nicht mehr. Man hat Zeit für den kleinen Abstecher in einen verborgenen, liebevoll behüteten Winkel seines Herzens. Dabei ist es oft rührend wenig, was sie von ihm wissen: ein Ausspruch, eine Textstelle, die sie nachhaltig beeindruckte und nicht mehr losließ.

Die anderen: Sie haben bei ihm Auskunft über sich selbst erhalten. Über einen Tod, den sie starben, über eine tief beglückende Innenerfahrung, die sie nicht deuten konnten aus eigener Sicht, weil sie ihr Bewußtsein überschritt. Nun wissen sie sich gerade mit ihr bei ihm zu Hause, in diese letztmögliche Urverwandtschaft aufgenommen, von der sie vorher nichts wußten.

Dazwischen liegen viele andere Formen. Der Bogen spannt sich dann über die Unbeteiligten – »das ist mir zu schwer« – zu den völligen Ablehnern. Für manche von ihnen ist er noch heute ein Tabu-Thema, denn »das ist dann Mystik«, da macht man nicht mehr mit. Manche von ihnen haben nie eine Zeile von ihm gelesen.

Er steht im Geruch höchster Menschenliebe und höchster Gefährlichkeit. Er beruhigt uns nicht, er fordert uns. Und doch geht eine allumfassende, das Leben neu fassende Ruhe von ihm aus. Sein Standort: die Sinnerfahrung unseres Lebens aus dem Ewigen ist an keine Zeit gebunden.

Die hier geschilderten Begebenheiten lehnen sich an die Ergebnisse der Eckhart-Forschung an, setzen sie voraus, erheben aber keinen Anspruch auf exakte historische Treue. Sie dienen lediglich der Umwelterhellung.

Meinen tiefsten Dank möchte ich Graf Karlfried von Dürckheim aussprechen, der mir für die halb verloren gegebene Arbeit eine neue Sicht auf dem Grunde meditativer Lebensführung erschloß.

I

DER GENERALVIKAR

1 DAS NEULAND DER SEELE

Als Anne von Ramswag am Morgen erwachte, wußte sie, daß es Daseinsregionen gibt, die menschliches Glück und Leid hinter sich zurückgelassen haben, die *da* sind in der Wucht des Herrlich-Schrecklichen, ungeschieden und zeitlos. Sie stand in einem Neuland ihrer Seele, getragen von den Schwingungen eines Lebens, das in seiner geheimen Mächtigkeit fast tödlich flutete. Durchbrandet von einer Beseligung ohne Ende und doch zugleich von einem Grauen gepackt, weil sie überzeugt war, daß sie am Erlebnis der Seligkeit ihre Seligkeit verloren hätte. – Verklärt war alles, was ihr begegnete, wie in seinem Wesen erschaut, während sie vorher nur das Erscheinungsbild gehabt hatte; wie in seinem Sinn verstanden, während sie vorher nur die Worte gehört hatte. Neu und groß war das Alt-Vertraute: die Natur, die Jahreszeit, die Sterne, die Menschen, die Gedanken der Meister, die Worte der Heiligen Schrift. So, als ließe alles sie wissen, daß es ein Geheimnis berge und ihr nun Einblick gäbe in sein eigentliches Leben, nun, da sie Zutritt zu ihm hatte.

Da standen auch die Worte, die sie zuvor gelesen, gewaltig und von durchsichtiger Klarheit vor ihr auf: »Das ist aber das ewige Leben, daß sie dich, der du allein wahrer Gott bist, und den du gesandt hast, Jesum Christum, erkennen.« Und sie verstand, was erkennen heißt. In einem Jubel, der auch die Trauer umschloß, löste sich ihre Spannung ausströmend im Gebet:

Ich danke Dir, mein Schöpfer, und mein Herz ist heiß erfüllt,
daß Du mir Leben gabst in Deiner Welt!
Daß Du mich würdig fand'st, um jenen zugesellt,
die sich mit ganzer Seele mühn,
die stetig ihre Bahn hinziehn,
die, deren hoher Geist Erkenntnis sann,
und die, durch die All-Leben wie ein Sturmwind rann.

Daß ich da bin in Deiner Welt,
in Deiner Sonne, die den Tag erhellt,
in Deiner Nacht, da tiefe Kräfte weben,
entwirklichend das übereilte Leben
in lautlos urerfülltem Stillestehn.
Daß Du mich lehren willst das tiefe, innige Verstehn,
den Strahl der Unvergänglichkeit im Erdgeschehn.
Daß ich da bin in Deiner Welt,
zu ahnen jene Ruhe, der der Sinn entquellt,
die durch der Welten Pulsschlag kreist,
mit Stille preist.[1]

2 DIE WILDNIS GOTTES[2]

Meister Eckhart: »Halt, Konrad, wart einen Augenblick! Wir sind gleich aus dem Wald heraus und wie mir scheint, nicht weit von menschlicher Behausung. Wir wollen eine kleine Rast einlegen. – Das war ein guter Weg. Wie er sich vor uns herschlängelte! Solche Pfade der Einsamkeit sind die Geschenke auf der Wanderreise[3]. Sieh ihn Dir noch einmal an. Wie ihn die Riesenbäume zu beiden Seiten übergipfeln, als böten sie ihn uns dar, als gingen wir in ihrer Obhut oder – als spürten sie sich einbezogen in unsre Herzen, so wie ein Mensch, den man mitfühlend streichelt. Die Liebkosung der Sonne kennen sie, aber die Einswerdung mit eines Menschen Geist ist ihnen neu.«

Konrad von Halberstadt:[4] »Ich bin nur froh, daß er zu Ende geht. Wenn ich auch vor Euch herging nach der Vorschrift des Ordens zu Euerm Schutz, ich war mehr Euer Schützling! Ich fühlte mich in Eurer Nähe mehr geborgen als bei den Bäumen. – Es waren ja nur die Außenbäume am Rand des Weges, die ihre grünen Zweige darboten, dort, wo sie Sonne fanden. Ich sah mit einem Gruseln den unwegsamen Wald dahinter, den undurchdringlich schwarzen Wald! Stämme mit dürren, ausgedörrten Ästen, die nie ein Sonnenstrahl erreicht, es sei denn da und dort ein Stückchen Dämmerschleier. Nur oben, die oberste Spitze steht in der Sonne und trägt noch eine grüne Krone. Die niedern Zweige strecken ihre toten Äste gespenstisch vor sich her – ein Totenwald! Der Boden: für keines Menschen Fuß betretbar Felsgestein! Auch nicht ein Fleckchen, wo man ausschreiten, was sage ich, nur den Fuß aufsetzen könnte. Die Blöcke kantig, abschüssig und steil abfallend, andere unter sich begrabend, Formen wie Urtiere, Riesenquader, Höhlen vor sich bildend. Ich sah Höhlen, die nur von Wurzelwerk umwandet waren. Mich wundert's nicht, daß sie in frühren Zeiten die Unholde in solchen Wäldern angesiedelt glaubten.«

Meister Eckhart: »Sieh hier, ein winziger Pfad bis zu dem Steinvorsprung! Dort wollen wir ein wenig niedersitzen, damit Du Deine Fremdheit vor dem Wald verlierst. Nur vom Rande her gruselts einen, mitten drin verliert man die Furcht. Man ist nie so geborgen wie im Ungeborgnen, weil man Gott nie so ausgeliefert ist. Komm!«

Konrad: »Wenn Ihr es nicht für Gottversuchung haltet!«

Meister Eckhart: »Oft ist's, als böte die Natur die Einzelphasen unsres Lebens als Zustand dar wie ein geheimes Streben zum Menschen. Dies ist die Nicht-mehr-Möglichkeit des Eigenlebens, die Dunkelheit, die Nichtung aller Wegbarkeit. Dies ist die Wildnis Gottes, darin der Seele Widerspruch erstirbt. –

Als ob er vorgeformt, Gestalt geworden wäre, der gnadennahe Augenblick in unserm Leben, wo alle Lebensregung in uns nur noch zur Spitze auftreibt, wo alles Leben nur noch Empfangen in der Spitze meint, die niedern Sinne im Erleiden stehn, der Wurzelsaft ohne Zerteilung im Gezweig nur noch die Krone sättigt. Dies ist die letzte Phase der Gottesschwangerschaft in uns. –

Ich träumte einst, ich ginge schwanger mit dem Nichts wie eine Frau. Und aus dem Nichts wurde Gott in mir geboren. Er war die Frucht der Nichtung[5].

Sieh, was in diesem Walde lebt, das sind die Wurzeln und die Kronen. Die Stämme sind ein dienend Nichts. Sie sind wie tot, und aller Saft der Wurzel steigt auf zur Spitze.

Aber sie sind nicht tot, die Stämme! Ihr Leben steht im Erleiden der Sonnenschwingung ihrer höchsten Spitze. Sie sind Erlauschende wie Sankt Johannes an der Brust des Herrn. – Ein demütiger Wald! Als hätte er sich aus sich selbst entlassen! Nur durch die Ahnung eines Lichts geeint, den Helleschimmer, der ihre leeren Räume füllt.

Du kannst es nur als Demütiger ertragen, Erlebnisform des Sohnes zu sein – Wiedergeborener – aus seinem Wesen lebend! Du überschlügest Dich vor Überglückung und fielst in Deine eigne Hohlheit zurück. Der Gottgeborne und der Demütige sind einer. Er ist die Erdenseite des Sohnes. So von sich selbst befreit, wie diese zweigentwordnen Stämme.«

Konrad: »Ich hatt' auch einmal einen dunklen Traum: daß Ihr auf Kehrichthaufen noch Rosen züchten könntet, und waren herrlicher, als man sie jemals sah.«

Meister Eckhart: »Ja, Konrad, das müssen wir alle! Denn was uns selbst gehört, ist Kehricht, ein reines Nichts, unangenehm und übelflätig. Was aber Rosen treibt, ist Gottes Lehnsgabe in uns, der sind wir treuverpflichtet.«

Konrad: »Vergesset nicht den Wanderbeutel, Bruder Eckhart, und stärket Euch etwas, bevor wir weitergehn. – In Katharinental werden sie uns schon erwarten, aber es ist noch ein guter Weg dorthin.

Meister Eckhart: »Wenn wir jetzt kräftig ausschreiten, sind wir zur Vesper dort.«

Konrad: »Ihr wolltet mir heut oder morgen abend noch etwas diktieren zur Genesis.«

Meister Eckhart: »Ja, ein Zitat des Rabbi Moses[6], das ich gern eingefügt und ausgedeutet hätte.«

Konrad: »Habt Ihr ihn denn nun gänzlich ausstudiert?«

Meister Eckhart: »Wenn ich ihn nicht noch einmal neu beginne!«

Konrad: »Aber erst eine Pause für Eure Augen! Wäre Euch nicht die Arzenei des Augentrosts[7] so gut bekommen, wer weiß, wie es um Eure Augen stünde. Allabendlich bis in die tiefe Nacht saßet Ihr über seiner Schrift. Und was er Euch eingab, klang mir zuweilen beim Diktat gefährlich. Doch weiß ich wohl, daß ich kein Maßstab dafür bin.«

Meister Eckhart: »Wenn wir das nächste Mal dran schreiben, wirst Du mir sagen, was Dir bedenklich erschien. Vor allem aber merke die Stelle gut an, wo wir das Blatt dann bei der Reinschrift einzufügen haben.«

3 DAS BEKENNTNIS

Nur eine der Nonnen des Klosters Katharinental war dem Anerbieten des Meisters, einer jeden von ihnen im Beichtstuhl zur Verfügung zu stehen, wenn sie Sünden bekennen oder ihn aus anderen Gründen sprechen wolle, nachgekommen. Wenn Anne von Ramswag zur festgelegten Stunde nicht sogleich die Kapelle betrat, so deshalb, weil sie der Spannung, die über ihr lag, nicht Herr zu werden vermochte. Wieder und wieder durchschritt sie den Garten, ging zurück zur Kapellentür, entfernte sich, trat heran.

Ohne es zu wissen, hatte er sich ihr mit den Worten seiner Predigt als Zeuge ihrer Welt zu erkennen gegeben und sie aus ihrer Vereinzelung herausgehoben. Es gab noch andere gleich ihr! Gab vielleicht eine ganze unsichtbare Gemeinde von Weggenossen, die man nur nicht kannte, ja, es gehörte vielleicht sogar zu ihrem Wesen, unerkannt zu bleiben; aber sie waren da, auch wenn sie meilenweit voneinander entfernt, wenn sie Jahrhunderte vor oder nach einem lebten.

Endlich klinkte sie die Tür auf und trat ein. Der Meister saß in der Nähe des Beichtstuhls und las in einer Schriftrolle, legte sie aber sogleich zur Seite und erwartete sie.

»Ich habe Euch nichts zu beichten, hochwürdigster Meister, ich möchte Euch nur etwas berichten . . . von einem Menschen . . . was ihm widerfuhr.« Sie hielt inne. Der Meister nickte. Seine Ruhe teilte sich ihr mit, wurde zur Geborgenheit, erfüllte den Raum um sie. Die Dinge der Umwelt verloren ihr Gesicht. Selbst Leib und Sinne schienen nur zu Gast. Nichts war gegenwärtig als ein Mensch, der hörte – und einer, der sprach.

»Einstmals überfiel mich eine große Angst. Sie währte viele Wochen lang. Sie war unausweichlich. Am meisten überkam sie mich des Nachts, wenn ich erwachte. Dann stand sie da, schwer und fordernd, undurchdringlich, und war nichts als Angst um mich. Sie war nicht von der Art, bei der Menschen helfen können. Nur wenn ich aufstand, ein Öllicht anzündete – ich schlief damals allein in meiner Zelle – und in dem Buch, das mir die Schreiberin überlassen hatte, wahllos eine Stelle las, wurde ich ruhiger.

Eines Nachts stellte sie mich, die Angst, und zwang mich unter ihre Forderung. Mein Leben brach über mir zusammen. Ich erkannte, daß ich es nicht wert war, daß mich die Erde trug. – Nicht nur, daß ich von meinem Tun und Handeln völlig unausgefüllt war, ich hatte an seinem Sinne vorbeigelebt; an seiner Stelle war ein Hohlraum in mir entstanden, in dem sich Wunschgebilde, Begierden, böseste Gedankenvorstellungen, Verzerrungen des Lebens ansogen und mich vergifteten. Eine unsagbare Verzweiflung überfiel mich und steigerte sich bis zur Unerträglichkeit. Ich fühlte mich ausgeschlossen aus dem Kreise der Lebenden, ohne Daseinsberechtigung unter ihnen, ohne Anrecht selbst auf ihren Tod. Wohin ich meine Gedanken wandte, da war nichts, an das ich mich klammern, dahin ich mich wenden konnte. Ich war aus meinem Leben ausgesetzt, sein Boden entzog sich mir. Ausweglos ohne vor und zurück, suchte ich schließlich, ob es unter den Seligen ein Wesen gäbe, das sich für mich einsetzen könnte und bat eines, das mich sehr geliebt hatte, ob es die Pein ,die mir zukam, für mich erdulden könnte.

Endlich faßte ich den Mut, das Buch aufzuschlagen. Die Worte, die ich in dieser Nacht las, waren aus dem Johannes-Evangelium. Sie lauteten: »Das ist aber das ewige Leben, daß sie dich, der du allein wahrer Gott bist, und den du gesandt hast, Jesum Christum, erkennen.« Als ich sie gelesen hatte, wurde es ganz still um mich. Die Einsamkeit öffnete sich und nahm mich auf. – Sei es nun, daß ich entschlief oder daß meine Sinne schwanden, ich entglitt meiner Menschheit.

Eine weite Furt überklaren Lichtes breitete sich aus. Sie wies mich in eine Richtung. Wo sie eine Wendung nahm, wurde sie unsichtbar. Ich wußte, daß ich ihre Helligkeit dort noch nicht ertragen konnte.

In dem überklaren Lichtstrom sah ich mich in meiner ewigen Gestalt. Sie bestand aus den Beseelungen an mir, die unsterblich sind. Es waren bislang nur wenige. Sie waren zu einem Strahlenbündel zusammengefaßt, und das Strahlenbündel tauchte im Lichtmeer Gottes. Es wurde von ihm durchglänzt und durchleuchtet und durchlebt. Es lebte nur, weil der Lichtstrom in ihm lebte, und ohne den Lichtstrom hatte es kein Leben.

Das war das Überwältigende, daß ich da war, wirklich da war, jetzt da war. Und wiederum, daß ich nur da war – nichts als da war, unwissend von Angst, unwissend von Zeit und Ort, unwissend von Sünde, unendlich frei.«

Die Sprechende hielt inne und fuhr fort: »Als ich zurückkam, jedoch bevor ich ganz zu meiner Menschheit fand, vernahm ich eine Stimme, die zu mir sprach: ›Das sollst du allen Menschen sagen.‹ Ich erwachte und wußte, daß ich unter einem außerordentlichen Schicksal stand. Die Brust wollte mir zerspringen von der Fülle des Lebensstromes, den sie noch immer barg. Die Herrlichkeit des Geschauten bebte in mir nach. Ich wußte nun, was Leben ist: göttliches Geschehen in mir. Ich ahnte die Tragweite der Worte ›Ich bin das Licht der Welt‹ oder ›Ich bin das Leben‹ und die Macht dessen, der sie gesprochen hatte. Aber wie – wie – wie sollte ich Zeugnis davon ablegen? Wie sollte ich dieses Schicksal auch nur bestehen? Wie sollte ich es allen Menschen sagen? Und wem sollte ich es sagen? Würden sie mich auch nur für ernst nehmen? Wer war ich als Mensch, um ihnen glaubwürdig zu erscheinen? Und wenn ich es schlechtweg einfach aussprach, würde ich nicht das Heilige herabziehen ins Profane, so daß es dann noch besser war zu schweigen? Es durchschauderte mich, daß ich zugleich begnadet und verworfen wäre. Ich konnte auch die Erlebnishöhe nicht halten in der Folgezeit und fiel zurück in die Abgründe meiner Menschheit. Aber wenn ich zutiefst unter meiner Schwäche litt, stand es wieder vor mir, und ich wußte, daß dies meine Wirklichkeit und die Wahrheit meines Lebens war.

Als ich Euch predigen hörte, wußte ich, daß ich bei Euch zu Hause bin, und darum frage ich Euch, hochwürdigster Meister – und nur darum habe ich Euch alles berichtet – könnt Ihr mir Aufschluß geben, wie ich es allen Menschen sagen soll?«

Anne hatte ausgeredet. Die Spannug zitterte in ihr nach. Sie erhob sich aus der knieenden Stellung, in der sie gesprochen hatte, und setze sich auf das Gestühl in der Nähe.

Der Meister schwieg. Er war nicht eilfertig mit dem Wort.

Er nahm das Erfahrene zuerst in sein Schweigen auf. Die Stille zog ihre Schwingungen um sie. Sie ging von ihm aus wie ein Attribut seines Wesens. Es ist der Kreislauf seines Herzens, dachte Anne, der durch das Diesseits und Jenseits fließt. Darum wird man in seiner Nähe so frei und gelöst, als wäre man unter den Seligen.

Schließlich erwiderte er: »Du hast mir Dein Erlebnis um der letzten Einrede willen berichtet, Tochter, darum soll nur von ihr die Rede sein. Anne, was heißt sagen? Wenn Du Worte formst mit den Lippen und hauchst sie in die Luft und gibst sie den anderen weiter und denkst, es nun getan zu haben und wieder bei dem zu verweilen, was Dir leichter fällt und geschmeidiger ist, dann hast Du sie nicht gesagt. Wenn Du sie in Begriffe kleidest und nimmst eine Feder und malst sie auf ein Pergament und denkst, nun sind sie der Nachwelt aufgehoben, ich habe meinen Dienst erfüllt, dann hast Du sie nicht gesagt. Wenn Du aber das, was Du sagen willst, aufnimmst in die Tiefe Deiner Seele und in Dein Herz und in Deine Gedanken und in Deinen Willen und lebst es in Dich ein, und es begleitet Dich wissend und unwissend bei allem Tun und ist der Bronnen, aus dem Du schöpfst, wenn Dich dürstet, dann bist Du auf dem Wege, es zu sagen. Denn sieh, ganz und vollkommen sagen kanst Du es nie, solange Du lebst. Darum meine ich, die Weisung, die Du erhieltest, war eine Wegrichtung für Dein Leben. In der Dämmerung erkennen wir die Furt schwer, die im Lichte gleißend vor uns lag, und müssen suchen und straucheln, bis wir ihre Spur entdecken. – Wenn Du vom Licht ins Dunkel trittst, mußt Du die Augen schließen. Wenn Du vom Wortlosen reden willst, mußt Du ins Schweigen eingehn. –

Doch sollst Du mich auch nicht falsch verstehn, fügte er – halb zu sich selbst – hinzu. Auch das geformte Wort hat seine große Kraft. Aber es muß sein wie eine reife Frucht, die Leben zahlt für Leben – oder wie der Ton, für den ein ganzes Instrument steht und unmerklich wirkt – oder wie das geschnitzte Kästchen, das den Fleiß des Künstlers voraussetzt, die Kunst zu erlernen, und die Mühe des Schnitzens und das Darandenken Tag und Nacht.«

Der Meister stand auf. Als er die Hand der neben ihm Stehenden zum Abschied in seine Hände schloß, fragte sie abgewandt: »Herr, sagt, kann das Kästchen auch gefordert werden von einem, der die Kunst nicht hat?« »Laß gut sein, Anne«, erwiderte er, »einem Menschen hast Du es nun gesagt, und er hat es verstanden und für wahr erkannt. So lebt es auch in seinem Wort, das er zu allen spricht. Glaube mir, schwerer als der Eifer der Hingabe ist die stumme, demütige Erwartung, wenn Du keinen Anhaltspunkt hast für das, was Du tun sollst, und keinen Maßstab und keine Richtung und dennoch wartest, ob es sich Dir zu erkennen geben will.«[8]

4 DIE VORENTHALTENE HEIMAT[9]

Als man der jungen Nonne, Prinzessin Elisabeth von Ungarn, meldete, daß hoher Besuch im Gästehaus auf sie warte und sie Erlaubnis habe, es zu betreten, trat jener ängstlich-schwermütige Zug wieder in ihr Gesicht, der sich soeben beim Geplauder mit den beiden Novizen verloren hatte. Zu Dreien saßen sie in kurzer Freizeit im Baumgarten des Klosters Töss[10] und hatten der heißen Sonne wegen ihre Hauben ein wenig gelockert. Nun rückte sie sie wieder zurück und machte sich nicht allzu eilfertig auf den Weg. Elisabeth fror innerlich vor dem, was ihr vermutlich bevorstand. Wer anders als ihre Stiefmutter Agnes, die Habsburgerin, konnte sie aufsuchen, und was anderes als eine neue Verzichtleistung konnte sie fordern – wenngleich sie eigentlich nichts mehr besaß, auf das sie noch verzichten konnte. Sie sah sich wieder der entwaffnend kühlen, folgerichtig klug begründenden, sicher fordernden Frau Agnes gegenüber, hilflos, mit zusammengeschnürter Kehle. Warum widersprechen? Der Einwand wurde ja nur dem Scheine nach erwogen. Das Mitgeteilte war bereits beschlossne Sache.

So war es seit ihrer Kindheit gewesen, seit sie nach ihres Vaters, Andreas III., Tod mit ihr nach Wien gekommen und mit den jüngeren Geschwistern der Stiefmutter, den nachgebornen Kindern König Albrechts I., erzogen worden war. Die Lösung ihrer Kinderverlobung mit dem Böhmerherzog Wenzel III. tat nicht weh. Die einzige Begegnung mit dem Auserwählten hatte in einem Alter stattgefunden, an das sie kein Erinnerungsvermögen mehr besaß.

Zu einem Zeitpunkt, als es der Staatskunst dienlich schien, wurde sie dann mit dem Herzog Heinrich von Habsburg, einem der jüngeren Brüder der Stiefmutter, verlobt. Eine Wende trat ein. Ein jugendlicher Ritter erwuchs ihr in ihm: heißspornig, abenteuerdurstig, mit liebevollster Ritterlichkeit für das Wohl seiner Dame eintretend, besonders wo es sich um die gemeinsame Zukunft Ungarn handelte. Jedoch das Rittertum schien keine Lebensrechte mehr zu haben. Bestimmend blieben das Feilschen um Throne und die bedenkenlosen Opfer, die man dafür forderte. Sie wurde vor die Notwendigkeit gestellt, auf Thron und Heimat zu verzichten und in ein Kloster einzutreten. Was also kam jetzt?

Sie klopfte zaghaft und betrat den Raum. Keine Frau Agnes! Statt ihrer der Herzog, der unruhig auf sie wartend auf und ab schritt.

»Du bist es, Heinrich! Wie freue ich mich, Dich noch einmal zu sehen. Wir haben keinen Abschied nehmen können voneinander.«

»Ich suche Dich, Elisabeth, seit Wochen. Seit meiner Rückkehr nach Wien. Agnes war umgesiedelt nach Königsfelden. Also dorthin! Du warst nicht dort. Sie hat mir nicht gesagt, wo Du bist, nur daß Du Dich in der Nähe in einem Kloster aufhieltest. Auf Umwegen erfuhr ich es. Stürze mich auf's Pferd mit weniger Begleitung, Unheil ahnend, und find' Dich so? Als Nonne? Wie ist das möglich? Du hast doch gar kein Novizenjahr gehabt?«

»Es war ihr Wunsch, daß ich vorzeigt eingekleidet würde.«

»Das dulde ich nicht. Du bist mir zugesprochen. Auch vor den Großen der Ungarn hat sie es gelobt. Sie hat auch nicht das Recht, die Ordensregel umzustoßen, die ein Novizenjahr vorschreibt. Ich dulde die Nonnenhaube nicht auf Deinem Kopfe. Ich trete sie mit Füßen.«

»Was tust, Du, Placidus?«

»Verzeih, Elisabeth, daß ich so unbeherrscht die Haube Dir herunterriß. Du bist noch die gleiche! Ich meinte immer, daß die Schönheit der ganzen Welt in Dir beisammen wäre und ihre leise Trauer, weil sie vergänglich ist. Ich will's Dich nicht entgelten lassen, daß Du im Kloster warst. Du bleibst mir die, die Du mir immer warst, die Herrin von Ungarn. Seit ich erfuhr, daß ich Dich heimführen sollte dorthin, gab es für mich am Wiener Hof nur Dich und was mit Dir und Deinem Heimatland zusammenhing. Vielleicht als einziger sah ich Deine Not. An einen fremden Hof verbannt, eine Gefangene mit dem Schein der Freiheit! Ein Unterpfand, das Wohl und Wehe Deines Landes im Spiel der Kräfte einzusetzen wie's gefiel.

Ich lebte mich in Dein Los ein, als wär's mein eigenes, und wenn ich über mein Alter hinaus früh reifte, so war's um Deinetwillen, der Aufgabe, dir mir durch Dich erwuchs, um Deiner Heimkehr willen. Sie war der Kern, um den Du kreistest, und Freude sah ich in Deinen Augen aufkommen nur von daher.«

»Ich danke Dir, Placidus, daß Du am Wiener Hof Dich rückhaltlos zu mir bekannt hast und Zuflucht botest und oft mit Deinen Zukunftsbildern mich tröstetest. Doch meint' ich stets, daß Deine frühe Reife in Dir selber lag, wie ein gedrängtes Leben, das schneller sich vollzieht als ein gewöhnliches, und darin schienst Du mir verwandt von Hause aus, ganz unabhängig von der Zukunft.«

»Das ist mir niemals in den Sinn gekommen. Doch wenn Du meinst, daß es mich Dir verwandt macht, nehm' ich es gerne hin. Nur danken sollst Du mir heute nicht. Dank wär ein Abschluß. Ich komme nicht zum Abschiednehmen. Ich komme, Dich fortzuholen, Elisabeth. Wenn ich in letzter Zeit vom Wiener Hof abwesend war, so war's um unsertwillen. Sobald mir klar geworden war, daß die Verhandlungen, die meine Schwester Agnes mit Gentilis, dem päpstlichen Legaten, führte, dem Thron von Ungarn galten, daß sie für Dich endgültig verzichten und ihn dem Sizilianer Karl von Anjou zuspielen wollte, hab' ich geheime Verbindung aufgenommen mit den Ungarn, den beiden Söhnen Ivos von Güssing, dem Matthäus Csák von Trentschin, dem Ladislaus von Siebenbürgen. Wen ich auch sprach, sie waren alle gegen den Sizilianer. Sie wollen ihr Land nicht als ein Lehen des Papstes, wie er es nimmt. Sie hätten es einst von den Heiden erobert und wollen's frei besitzen. Was hat er ihnen sonst zu bieten, arm wie er ist.«

»Auch wir sind ohne Reichtum, Heinrich.«

»Wenn Du kommst, kommst Du wie das Kind des Hauses. Nicht nur die meisten Fürsten, das ganze Volk in Stadt und Land, vor allem auch in Ofen, steht hinter Dir als letzter rechtmäßiger Arpadin. Ich bin bereit, für Dich zu kämpfen, wo's nötig wird. Was könnt es Schönres geben, als Dein Ritter zu sein, der Dir die langersehnte Heimat erstreitet? Doch wird es kaum zum Kampfe kommen. Anjou hält sich ja nur, wenn

Habsburg ihn stützt. Agnes wird die Gegebenheiten anerkennen, klug wie sie ist. – Ich will nicht nur Figur sein ihrer Macht.«

»Warum verzichtete Agnes für Dich und mich?«

»Sie hat die Ungarn als überaus feindselig und unruhig in der Erinnerung. Sie fürchtet, daß wir uns nicht halten können. Sie will die habsburgischen Kräfte nicht zersplittern, will sie ausschließlich im deutschen Thronkampf für unsern Bruder Friedrich[11] einsetzen und dafür auch den Papst gewinnen. Doch ist die Lage heute anders. Auch ich als Habsburger bin den Ungarn willkommener als der Anjou. Ihre Bedingungen an mich wären erfüllbar. Elisabeth, ich brauche zur Vorbereitung nur wenig Tage. Du weißt, um was es geht. Wir müssen nur besprechen, wie Du am unauffälligsten das Kloster verlassen kannst. Bedenke, daß Dein Vater einst vom Wiener Hof floh. Er ging verkleidet in Mönches Tracht. Doch als er wiederkehrte und um Frau Agnes warb, war er ein freier Fürst. Die Aberkennung Deiner Nonnenschaft muß sich erreichen lassen, da Du vorzeitig und ordenswidrig eingekleidet wurdest. Der Bischof von Vesprim wird uns zur Seite stehn. Nur den Entschluß mußt Du noch fassen. Ein wenig Wagemut gehört zu jeder Entscheidung.«

»Es war mein höchster Wunsch von je, Du weißt es, Heinrich, zurückzukehren und rückhaltlos als ihnen zugehörig empfangen zu werden. Und nun, wo es auf einmal ganz nahe vor mir steht, erschreckt es mich. Laß mir ein wenig Zeit nur, mich hineinzufinden, mich zu sammeln. Ich will mich kurz zum Fronaltar zurückziehn und noch einmal aus ganzem vollem Herzen erforschen, was Gottes Wille mir gebietet. Doch weiß ich wohl, daß nicht allein mein Herz, sondern mein Land mich ruft.«

»Und wenn Du widerstehen wolltest dem Ruf, Du könntest's nicht, Du nicht, oder Du gingst zu Grunde daran. Als ich Dich sah, da weinte mir das Herz, nur hinterm Zorn verbarg ich's. – Die Freude in Deinen Augen, Elisabeth, die ist ganz klein geworden, wie ein verängstet Vögelchen. Die dunklen Schwingen Deines Heimwehs aber haben sich fast gelöst vom Nest der Augen und schwingen vor Dir her im schwarzen

Raum. Nur ihren Sturz will ich noch hindern! Denk nicht, daß es der Thron der Ungarn ist, die Burgen der Arpaden, wenn sie mir auch begehrenswert erscheinen, wenn auch das Abenteuer Ungarn selber mich reizt. Was ist das alles neben der Angst um Dich. Niemand ist da, um Dich zu schützen vor Deiner Schwermut. Noch bist Du jung, noch lächelt sie in Dir. Wie sollst Du ihr entgehn allein gelassen in diesem grausamen Gefängnis des Gebets?«

»Du übersteigerst Dich, Placidus, wie oft, wenn Deine Sorge um mich Dich überwältigte. Beruhe Dich, Lieber, Sag, sah'st Du nicht in meinen Augen auch immer noch eine dritte Phase, in der die beiden anderen zur Ruhe kamen?«

»Die dritte Phase Deiner Augen, Elisabeth, ist auch noch da: der kurze, plötzliche, weltüberhobne Strahl – doch er gehört mir nicht. – Bleib nicht so lange fort, Geliebte, es kommt auf jede Stunde für uns an.«

»Ihr seid es, Staglerin, ich danke Euch, daß Ihr mich ins Spital gebracht. Staglerin, ich bin eine Gezeichnete.«

»Ihr werdet wieder gesund! Es ist die Spannung, die auf Euch lag, Prinzessin!«

»Ich bin gezeichnet, Staglerin, vom Tode . . . Wo ist der Herzog?«

»Er wartet im Gästehaus auf Eure Antwort, wie er sagte.«

»Hat man ihm nicht berichtet?«

»Er sagte, er ginge nicht eher von dieser Stelle, eh' er nicht Eure Antwort auf eine Frage wüßte, die er Euch stellte, und müßt er warten bis ans Ende der Welt.«

»Sendet zu ihm, Staglerin, und meldet ihm, daß ich ihn nicht begleiten kann. Wenn Ihr wiederkommt, so sagt mir nicht, wie er es aufgenommen hat. Wir wollten fort nach Ungarn. Ich bin zu früh geweiht zur Nonne, das anerkennt er nicht. Er hatte Verbindung aufgenommen mit den Magnaten der Ungarn. Sie rufen mich gegen den Anjou. Ich habe doch auch Pflichten gegen mein Volk. Ich bin die Tochter des letzten Arpaden. Ein unbezwingbar Heimweh überfiel mich. Bis mir der Blutsturz kam am Fronaltar. Hernach erschien mir meine Muhme, die heilige Elisabeth im Traumgesicht, wie ein Stück der verlornen Heimat. Ein schweres Schicksal liegt auf dem Herzog. Er ist gezeichnet gleich mir. Ich sah's ihm an. – Verschieden sind die Verbindungen der Menschen auf Erden. Wir sind im gleichen frühen Todesschicksal verwandt.«

5 KÖNIGIN AGNES VON UNGARN

Ob er mehr wußte als andere? Der Ruf ging ihm nach! Mehr wußte, nicht weil er ein hochgelehrter Dominikaner war oder hohe Ordensämter innehatte, mehr wußte weil er Gott näher war als andere Menschen? Ob er von daher Zugang hatte zu den Geheimnissen der jenseitigen Welt? Menschen dieser Art gab es. Wie sollte man sich sonst die Heiligen erklären oder die Propheten? Wie sollte man auch nur die geringste Kenntnis von göttlichen Dingen, von Himmel und Hölle erlangt haben, wenn sie nicht einigen Menschen mitgeteilt worden wären? Die Frage war nur, ob er ein solcher Mensch war, denn es gab auch manche, die ihn anzweifelten, ihm den Umgang mit Ketzern und Fragwürdigen nachsagten über das Maß der Bekehrungsabsicht hinaus, als ob er auch an ihrer freien Denkart Gefallen fände. Das wäre allerdings das letzte, was ihr zustoßen könnte, daß sie sich in ein religiöses Abenteuer stürzte! Nein, sie wollte feste Richtlinien haben für ihr Verhalten! Sie kannte sich da zu wenig aus! Sie wußte nur eins: daß jede Lebenskunst ihre eigenen Gesetze hatte, auf die man hingewiesen werden mußte, um sie dann mit zähem Eifer zu erlernen und der jeweiligen Lage entsprechend anzuwenden. Sie wollte diese undurchsichtigen Gesetze ergründen, jetzt, in der Stille Königsfeldens, seit es ihr ständiger Wohnsitz geworden war. Agnes wollte wissend werden. Nicht allein aus Wißbegierde – ihr weitbekannter Wissensdrang, mit dem sie in der Jugend all ihre Brüder übertroffen und mit dem sie noch der Herr Andreas von Ungarn geneckt hatte, erschien ihr jetzt wie eine Spielerei. Sie wollte wissend werden – um der vielen Toten willen, die auf ihrem Wege lagen, und um das Grauen zu überwinden, das sie noch immer schüttelte bei Tag und Nacht, wenn sie des Mordes am Vater Albrecht gedachte. Sie verstand die Wege Gottes nicht mehr seitdem und auch seine Absichten mit dem Hause Habsburg nicht mehr. Agnes erwartete keinen bündigen Bescheid von der Unterredung mit dem Meister. Wenn sie jedoch durch ihn einen leisen Hinweis, einen Fingerzeig bekäme, in welcher Richtung sie vorzugehen hatte, so wäre viel gewonnen. Sie fand, das alles, was sie bisher für ihn getan, nicht ausreichend war.

Doch war die Zahl ihrer Stiftungen kaum übersehbar, möglich nur infolge ihres Reichstums. Stiftungen, zumeist an Klöster vergeben, mit genau festgelegten Vorschriften über Gebetsleistungen für die Seele des Verstorbenen. All ihren anderen Dahingeschiedenen gegenüber hatte sie weniger das Gefühl, etwas versäumt zu haben. Dabei hatte sie nicht halb so viel für sie ausgesetzt, weder für den Lieblingsbruder Rudolf, noch für die Mutter Elisabeth, noch für den König Andreas von Ungarn. Aber der Vater war unbußfertig gestorben, aus dem Hinterhalt erschlagen von seinem Neffen Johann Paricida, dem er sein Erbe vorenthalten hatte.

Konnte man noch mit der Gnade für seine Seele rechnen? War es vielleicht als sichtbares Zeichen der Ungnade zu werten, daß sich der Abstieg des Hauses Habsburg seit Albrechts Tode fast unabwendbar vollzog?

Von den beiden Pflichten, für die Agnes noch lebte, war die Sorge für das Seelenheil des Vaters die schwerere, denn sie war völlig undurchsichtig. Die andere, die Rettung der Macht des Hauses Habsburg, war trotz der Mühsal, die sie forderte, die klarumrissene und darum leichtere. Sie war zu jedem Opfer bereit, wenn sie ihm dadurch Gnade erwirken konnte. Aber welche Opfer wurden verlangt? Wie kam man hinter die Geheimnisse des Nicht-mehr-Menschlichen?

In der Staatskunst war sie ausgebildet worden in den fünf Ehejahren in Ungarn und in der Zeit der Witwenschaft am Wiener Hof als Schülerin des Vaters. In der Kunst, die Gott forderte, war sie sich selbst überlassen und fand nur Rätsel statt Antworten.

Die Regel ihrer Staatskunst war dieselbe geblieben, einstmals wie heute. Als sie sechzehnjährig mit dem Herrn Andreas nach Ungarn zog, in ein Land, dessen Thron von Wiedersachern womöglich noch mehr umstellt war, als des Heiligen Reiches Thron, hatte sie sie zu handhaben gelernt, ganz einfach aus der genauen Kenntnis der Lage heraus. Diese Regel hieß: den Gegner zu gewinnen durch die Größe des Opfers, ihn einfach zu überspielen in seinen Forderungen. Hatte es ihr nicht selbst die Bewunderung des Herrn Andreas eingetragen, als sie dem Bischof von Vesprim, dem Anhänger des päpstlichen Thronkandidaten, die Botschaft gesandt: sie habe nicht gewußt, daß die ihrem Wittum zugehörige Insel Schütt seinem Territorium entnommen sei, sie stelle sie ihm hiermit zurück. Der Kirchenfürst hatte sofort verstanden und den nie besessenen Gebietszuwachs mit einer Schwenkung zum König quittiert.

Diese Regel galt heute so wie damals. Auch wenn es die herzlich unfähigen jüngeren Brüder nicht mehr verstanden, daß das Hauptanliegen ein anderes war, daß es jetzt um den deutschen Königsthron – die Kontinuität Habsburgs an der Spitze des Reiches – ging und Ungarn nur noch Opfer dafür war. Fast eine Rebellion hatte es gegen sie gegeben von Seiten der Brüder, als sie es aufgab, es blutenden Herzens nun doch dem päpstlichen Gegenkandidaten überließ, um auch den Papst in seinen Forderungen zu überspielen, ihn für das Königtum Friedrichs zu gewinnen, wo sie im Reiche kaum noch Freunde hatten.

All diese Opfer konnte man abschätzen. Aber in der Kunst, die Gott forderte, ging die Rechnung nicht auf. Gott ließ sich nicht überspielen und zahlte nicht mit gleicher Münze zurück. Wie anders sollte man sich's sonst erklären, daß er den jeweils mit gewagtesten, fühlbarsten Opfern aufgebauten Bezirk, den er als Aufgabe zugewiesen, zerstört hatte durch des Hauptbeteiligten Abberufung in den Tod, und alle Zähigkeit und Klugheit, Umsicht, Geduld, Sorgfalt und Hingabe vergeblich, sinnlos vertan war: so bei dem Tod des Herrn Andreas von Ungarn, so bei dem Tod des Bruders Rudolf, des Böhmerherzogs, und so vor allem beim Tod des Vaters Albrecht. Wie eine Umkehrung aller Werte, ein Widerspruch zur Herrschaft Gottes auf Erden war es gewesen und konnte nur als das Spiel von dunklen Mächten verstanden werden, denen er Gewalt eingeräumt hatte.

Gewiß, der Vater hatte unredlich an seinem Vorgänger gehandelt[12]. Sein Sieg über den abgesetzten König Adolf jedoch kam einem Gottesurteil gleich, und welcher Staatsmann hätte anders gehandelt, wenn er eine zuverlässige Waffenbrüderschaft hinter sich hatte und die Kurfürsten mit wenig Diplomatie für eine Neuwahl gewinnen konnte? Ein Staatsmann, der nicht das Gesetz des Handelns an sich reißt, sollte lieber ins Kloster gehen.

Wie hatte er die Staatskunst gemeistert von der sicheren Strategie bis zur diplomatischen List! Gewiß er war nicht sehr beliebt gewesen. Er war ein finstrer Mann, verschlossen, hart und herrisch, seiner Überlegenheit bewußt, rauh und gewaltsam, bemitleidenswert häßlich mit dem einen ausgelaufenen Auge. Doch sein Königtum war unbestritten und die Kaiserkrönung nur eine Frage der Zeit gewesen und der weiteren Verständigung, die großenteils in seiner Hand lag. Und da, als er dem Reifen seiner Pläne entgegensehen, das Ziel bedacht erwarten konnte, da hatte ihn Gott den dunklen Mächten überantwortet, als hätte er sein Königtum mißbraucht[13].

War je ein König in solcher Schande gestorben? Meuchelmörderisch erschlagen, er, der fast lebenslange Feldherr, der sieg- und niederlagegewohnte! Ein Hohn der Fürsten! Zu Dritt hatten sie ihn überfallen, der eine ihm in die Zügel des Pferdes gefaßt, der zweite sein Gesicht zerstalten und er, Johannes, der Paricida, des eigenen Bruders Sohn, den Stich ins Herz versetzt![14]

Dann hatten sie ihn nur noch für sich: die Mutter, die jüngeren Geschwister und sie – diesen hinter seiner rauhen Schale zärtlichsten aller Väter mit seinem grauenhaft verstümmelten Totenanlitz! Es stellte ihr die immer gleiche Frage, ob dies die Antwort Gottes auf sein Leben war; ob alles das nicht zählte, was er geleistet hatte, und nur die dunkle Seite in ihm sein Jenseitsschicksal bestimmen sollte, diese Gewaltsamkeit, mit der er alle und alles in seine Pläne einbezog, diese Gewaltsamkeit, die sie auch in sich selber fand.

Was also konnte man noch tun außer dem, was man getan hatte: der Errichtung der Kapelle in Königsfelden genau über dem Tatort des Mordes, der Stiftung des Franziskaner- und des Clarissinnenklosters daneben, wo Tag und Nacht für seine Seele gebetet wurde, der Anlage des ganzen kleinen Territoriums dort, in das sie sich wie in ihr eigentliches Wittum zurückgezogen hatte – ein Reich, nicht ganz zur Welt mehr und noch nicht dem Tode zugehörig.

Die kleine, schmächtige Habsburgerin, in der Kleidung nach Stoff und Schnitt der Nonnentracht angepaßt – Weltfrau, wenn die Habsburgischen Brüder zu gelegentlichen Besuchen vorsprachen und sie als letzte Instanz und unausgesprochene Lenkerin ihrer Staatskunst befragten – Nonne, wenn sie – mit päpstlicher Dispens – am Gottesdienst der Clarissinnen teilnahm – zärtliche Tochter des nie vergessenen Vaters, wenn sie mit ihrem Herzen allein war, seine geistige Weiterbildung, seine Vergeistigung mit einem winzigen Stückchen seiner Erfahrungen aus dem Todesdunkel gemischt. Hier in Königsfelden wogen die Toten schwerer als die Lebenden, und die Sterbenden gewannen an Gewicht. Ganz allmählich war es ihr eingekommen, sich an die Sterbenden zu wenden, wo die Lebenden keine Antwort mehr hatten. Dieser Zustand zwischen Leben und Tod hatte sich ihr bislang als die einzige Realität angeboten, die hinter den Horizont des Lebens hinabführte und Auskunft gab, wenn man sie auch nur mit der Spannkraft des todtraurigen Herzens erheischen konnte. So war es nicht nur um der Wohltat willen, wenn Agnes befohlen hatte, sie zu allen Sterbenden des Clarissinnenklosters zu rufen. Was bedeutet einer Sterbenden schon die Anwesenheit der Königin – es sei denn, daß sie persönliche Bande mit ihr verknüpfen – so war es, um auf den Zügen zu lesen, so war es, weil sie die Gesichter aller Toten nach dem Jenseitsschicksal des Vaters befragte.

Als die Habsburgerfürstin im Jahre 1318, kurz vor dem 20. August, dem Festtage des heiligen Stephan, Königs von Ungarn[15], mit ihrem kleinen Gefolge von Königsfelden nach Töss ritt, um die langbeabsichtigte Schenkung für ihre Stieftochter, die Tösser Nonne Elisabeth von Ungarn, zu regeln, wußte sie, daß sie dort mit dem Dominikanerprediger Eckhart von Hochheim[16] zusammentreffen würde. Der Meister weilte gegenwärtig in seiner Eigenschaft als Generalvikar zu einer Klostervisitation in Töss. Eine Predigt vor ihr im Kreise der Nonnen und eine Unterredung, um die sie nachgesucht hatte, waren für den Besuch vorgesehen. Die Schenkung selbst, bestimmt zu einem Leibgedinge für die Prinzessin und einer Jahrzeitstiftung für deren Vater, war von ihrem Schreiber, Rudolf von Aarburg, vorbereitet und bereits am 8. August[17] urkundlich ausgestellt worden. Das Dokument bedurfte zum Zeichen gewissenhafter Einhaltung der Bestimmungen nur noch der Bestätigung durch die Priorin.

6 DIE BEGEGNUNG

»Es ist mir eine große Freude, Euch hier in Töss begrüßen zu dürfen, verehrte Königin. Ich danke Euch für den Besuch und heiße Euch von Herzen willkommen. Ich hoffe, Euer Weg war nicht beschwerlich.«

»Ich habe Euch zu danken, hochwürdigster Meister. Wie lange schon wünschte ich mir, den vielgerühmten Prediger von Straßburg einmal zu hören, und nun wollt Ihr mir diesen Wunsch erfüllen!

Mein Ritt hierher war schön. Ich fühle mich noch immer auf dem Sattel wohl, nur daß ich jetzt recht selten noch aus meiner selbstgewählten Stille in Königsfelden ausziehe. Doch dieser Weg durchbricht sie nicht – ganz abgesehen davon, daß die Vergangenheit dieselbe bleibt auch in der Einsamkeit und da oft stärker auf uns lastet als im Trubel der Welt. – Doch ich bin gespannt auf Euern Text, den ich erwarten darf.«

»Nach der Gewohnheit des Ordens habe ich am Tage des heiligen Stephan den seiner Heiligsprechung beigegebnen Bibeltext gewählt: »Ein edler Mensch zog in ein fernes Land, ein Reich zu empfangen, und kam wieder.«[18] Ich hoffe, Ihr seid einverstanden mit dem Thema.«

». . .›zog in ein fernes Land‹, sagt Ihr? Auch ich zog einmal aus in ein fernes Land und kehrte glücklos wieder! Doch kann es ja nicht Ungarn sein, das hier gemeint ist, das Reich des heilgen Stephan. – Wie heißt das ferne Land, in das der Edle zog?«

»Ihr wißt, Fürstin, wir exegesieren die Schrift gern nach dem Sinn, der hintergründig in den Worten liegt, symbolisch gleichsam. Das ferne Land ist namenlos – ist eine Insel Gottes – das Ein in uns.«

»Das Ein? Ich kann mich nicht erinnern, das Wort jemals gelesen zu haben oder gehört. – – – Sind unsre Toten im Ein?«

»Das Ein, das ist der Zustand der Seele, in dem sie eines ist, ganz in sich eingesenkt, ganz in sich zusammengefaßt, eine geballte Gottesspannung, sonst nichts. Das Ein ist auch der Gegensatz des Vielen. Seht, alles, was auf uns zukommt, seien es nun Gegenstände, Menschen oder Gedanken, lenkt uns auf etwas außer uns. Und meist nicht auf ein Einzelnes, sondern auf ein Dies und Das und Jenes, und von dem Diesen hängt ein anderes Dies ab und von dem Jenen ein andres Jenes, so daß uns eine Vielheit von Eindrücken umgibt. Sie unterliegt einer gewissen Ordnung, die sich zumeist als Zweiung darbietet. Da ist die Teilung in Himmel und Erde, in Tag und Nacht, in Licht und Finsternis, in Mann und Frau, Seele und Leib und was da sonst noch sei. Ganz anders ist die Wirklichkeit in Gott. Da fällt das andere mit seiner Vielheit ab, da ist kein Fremdeindruck, kein Außen. Da ist die Richtung und das Ziel ein Bei-sich-selbst-Sein, ein Innesein, ein Gottes-Innewerden, ein Zusammenfassen unsrer selbst dorthin. Wir können uns Gott nur nähern, wenn wir nach innen eingezogen sind, Gott erkennt uns nur als diese Inneren. Das Ein ist der Erfahrungsgrund der Einung mit Gott, die eine so tiefe sein kann, daß der, den wir erkennen, und der, der uns erkennt, zu einem werden, wie im Ein des Blicks, daß der Erkannte ins Wesen des Erkenners eingeht und von ihm gelebt wird. Einen solchen Grad der Einheit gibt es mit keinem Menschen, nur mit Gott, und eins ist, wer von Gott erkannt wird, Ob Ihr das wohl versteht, Königin?«

»Und wenn ich es verstände! – – – Er war noch nicht all-einer, als er erschlagen wurde. Er war ganz irdisch, von ird'schen Plänen bis zum Bersten erfüllt, war mannigfaltig bis zuletzt. Zehn Jahre sind es her und scheint mir doch, als wär es gestern erst gewesen. Wir waren auf dem Weg zum Hoftag am 1. Mai. Der Vater mit seinen Reitern durch die Schluchten der Alpen auf Baden zu, die Mutter und ich im Wagen, kaum eine Tagesreise von ihm entfernt! Ein regnerischer Tag! Die Straßen aufgeweicht! Am Wege eine Bittstellerin! Wir konnten nicht halten, die Räder wären stecken geblieben. Wir fuhren schnell an ihr vorbei und bespritzten sie von oben bis unten mit Straßenschmutz! Sie nahm's als Hochmut! Ihr Blick traf mich: traurig, enttäuscht, verwünschend – ein böses Omen! Am Abend, in Rheinfelden, traf der Bote ein!

Den Sonntag drauf ging ich zur Kommunion für ihn. Ich weiß nicht, ob es Gott annahm von mir; doch ist mir oft, als ob ein Stückchen seiner Seele seit daher in mir weiterlebt, nah wie mein Selbst – oder ein Stückchen seines Todes – und meine immerwache Angst um ihn bewirkt. Wie meine Züge auch den seinen gleicher werden, und wenn ich unversehens in den Spiegel blicke, so mein ich oft, er sieht mich an. – Doch weiß ich nun nicht mehr, was ich noch für ihn tun kann, noch für ihn opfern kann. Gewaltig ist die Zahl der Seelen, die für ihn beten, kaum übersehbar mir selber noch.«

»Was soll es? Wollt Ihr Gott beschwören, Königin, mit den Geboten fremder Lippen, mit Wortgebeten? Ihr seid doch mit dem Wissen um einen Tod gesegnet. – Gott läßt sich nicht beschwören. Er gibt von selbst und gibt je mehr, je weniger wir fordern. Doch gibt er anders als wir fordern, wenn wir noch fordern, bis daß wir eines Tages betroffen stehn, weil es das unsere war, das er uns gab. Ließe er sich beschwören und gäb Euch für den Vater, was Ihr fordert, den Himmel oder was es sei, er gäb's in Euerm, nicht in seinem Willen: Ihr schüfet ihm den Himmel ohne Gott.«

»Was soll ich tun, mein Vater?«

»Nichts anderes als seinen Willen wollen, bedingungslos. – Wen Gott zum Könige bestimmte, den wird er nicht als Mönch zurückverlangen. Wer aber unter uns, ob Mönch, ob König, wäre zum wahren Sein gereift, wenn er die Erde abstreift? Wie weit er kam, wie weit ihn das Erlebnis des Todes erst wandelte, das kann nur Gott ermessen, der es ihm gab.«

»So meint Ihr – – daß es gar keine Hölle gibt? So etwa las ich es von den Katharern. Sie sagen, daß unsre ganze Hölle schon hier auf Erden sei und mit Verlassen des Leibes wir von ihr frei werden. Es wäre schön, wenn man es glauben dürfte, doch waren die Katharer arge Ketzer.«

»So sollt Ihr's nicht verstehn wie die Katharer. Die Erde ist die Hölle nicht. Die Erde ist der Ort der Wandlung, ist ein gigantisches und unbegreifliches Hinüberreifen, denn unser Schicksal ist es, uns zu verwandeln. Gott aber *ist!* Ist gleichsam ›die Istheit‹[19], die immer gegenwärtige, ausschließliche, die ganze Fülle des Seins.«

»Ich fange an, Euch zu verstehen, Meister. Wenn etwas sich in meinem Leben vollzog, so war's die Wandlung. Sie war so tief, daß es mir manchmal wie ein ander Leben scheint, das ich vor meines Vaters Tod gelebt.«

»Wollt Ihr nicht lieber das als Zeichen werten, Fürstin, daß Euch sein Tod gewandelt hat? Ihr sollt die Angst in Euch nicht deuten als eine Mahnung seiner Höllenqual. Die Angst in Euch ist Ausdruck Eurer Wandlung, das Wehn des Geists in Euch, den Ihr noch nicht erfaßt, die Wehen einer göttlichen Geburt, die da geboren werden will in Euch, der sollt Ihr Euch nicht widersetzen. Und wenn der Tote Euch weiterhilft, so ist's ein Gotteswerk durch ihn.«

»Und doch gibt's eine Hölle.«

»Auch Er ist abgestiegen in die Hölle und wiedergekommen von dort. Wenn man die Hölle nach Seinen Spuren durchforschte, mit seinem Willen ganz in den Willen Gottes versenkt, ob sich nicht Seine Spuren finden ließen auch dort? Ihr müßt doch unterscheiden zwischen dem, wie man's dem Volke klar macht, das es nicht anders fassen kann, und dem, wie sich's dem Geiste darstellt. Das Wesenlose – das Nichts – in uns ist unsre Hölle.«[20]

»In Eure Eisregionen kann ich Euch nicht folgen, Meister. Sie ängstigen, wenn man das Tal gewöhnt ist.«

»Der Aufstieg nur ist ungewöhnlich, Königin. Am Gipfel habt Ihr das Panorama des Erdentales unter Euch in einem einz'gen Blick. Die Sonne gleist auf ew'gem Schnee, ein Widerspiel des ungeschaffnen Lichtes, und Adler kreuzen Euern Weg, die ungeblendet in die Sonne sehn. Kehrt Ihr zurück, bleibt Euch ein Glanz auch noch im Tal und hellet Euern Weg.«

»Ihr sprecht von mir nur, Meister, mich quält des Vaters Los. Was nützte mir der Aufstieg, wenn ich ihn unten wüßt?«

»Ihr habt ihm tausendfältiges Gebet verrichtet und wartet niemals eine Antwort ab. Wie kann Gott reden, wenn Ihr nicht hörend seid? Die göttliche Geburt hat auch ihre Phasen. Eure ist noch die der Angst und Abwehr, ist wie ein Schrei in ihrer Stille, und sollte ein Erlauschen sein des Gotteswerks in Euch – so wie die Toten ihm entgegenlauschen mögen . . .«

»Wär' nicht nur meine Sicht geändert, er aber bliebe, wo er ist? Ich bitt Euch, Meister, weil meiner Träume Schwere mich überwältigt, ich möchte wissen, wo er ist und wie es um ihn steht?«

»In Gott gibt es kein Wo, nur ein Innesein, ein Gottes mehr oder weniger Innesein. Er ist jetzt nur noch Innerwelt. Die Innerwelt ist uns so fern aus lauter Nähe. Wir können Gottes Gegenwart nicht mitbekommen. An permanentes Eigenwünschen gewöhnt, sind wir vielleicht nicht einmal fähig, die Frage zu formulieren, die uns weiterbrächte, und wären für die Antwort taub.

Gott hat Euch in ein Dunkel geführt aus Macht und Glanz. Ihr habt ihm ein Schattenreich errichtet aus Kindestreue und Erinnerung und aus dem Nachklang eines großen Schreckens. – Nicht auf die Größe unsres Opfers kommt es an. Eine Macht kann fade schmecken und gerne abgeworfen werden. Der Schatz, an dem das Herz hängt, hindert uns. Wenn Ihr ihm Eures Herzens Schatten opfern könntet, die Euch begleiten Tag und Nacht, und trätet vor ihn leer ins Leere, wunschlos ins Dunkel Gottes: Hier bin ich, Herr, und bette meines Vaters Seele aus meiner Unrast in Deine heilge Stille.«

»Darf ich ihm nichts mehr sein?«

»Verbündete im ewigen Jetzt.«

»Wenn Ihr mir für den Anfang ein leichteres Gedenken mitgeben könntet?«

Der Meister antwortete nicht. Als Agnes nach einer Weile zu ihm aufblickte, durchzuckte sie der Gedanke, daß sein Gesicht selbst Antwort war – die eindrucksvollste vielleicht, die er ihr überhaupt gegeben hatte im Laufe des Gesprächs. Er hatte die Augen geschlossen und schien darüber nachzusinnen, wie er sich ihr verständlich machen sollte. Sie hatte das Gefühl, als ob sie sich in ein Geheimnis eindränge, wenn sie ihn ansah, und war doch wie gebannt von seiner wortlosen Aussage, von der Durchsichtigkeit dieses Gesichts, das sie erstaunend wie aus sich selbst entließ, in eine Beglückung über die Feinheit und Unaussagbarkeit menschlichen Erlebens versetzte. Sie meinte, daß sie dieses Gesicht mit den geschlossenen, graubewimperten Augen niemals vergessen würde, so wie es war: in sich ruhend – einhellig – gegenwärtig – ebenbildlich – ein lebentragender, lebenströmender Mittelpunkt.

Vor diesem Gesicht saß sie mit ihrem flackernden, angstvollen Herzschlag, aufdringlich auf etwas pochend, das ihr verweigert schien, wofür sie vieles hergegeben hatte an Spenden, Vergabungen, Geschenken und weiterhin in anderer Form noch herzugeben bereit war, wenn es ihr dadurch zufiel. Ihr Gegenüber hatte nichts von alledem zu spenden oder zu vergeben, wofür man etwas zurückverlangen konnte. Er hatte nichts als seine ruhigen, tiefen Atemzüge, die einzige Bewegung an ihm. Langsam glich sie sich ihm an; durchschaute die Fadheit ihrer Selbstbeschönigungen für vergangne Taten, die Wunschwelt für die Macht des Hauses Hasburg, die Anmaßung, mit der sie um die Seele des Vaters stritt, um letztlich doch nur Gott zu überspielen, um welchen Preis auch immer, und wußte eines: Hilfe bringen konnte sie von daher nicht. Hilfe brachte man nicht nur mit Taten und Gaben, Hilfe konnte von einem Menschen ausgehen, wie ein Wesenszug von ihm und war dann vielleicht der Hilfe, die der Herr einst spendete, am nächsten, ja, konnte ein Zu-Tage-Treten von seiner Hilfe durch diesen sein.

»Es ist noch zu schwer für Euch, gnädige Frau«, sagte endlich der Meister, »wie eine fremde Welt! Ihr könnt die Welten noch nicht vertauschen! Ihr habt Euch immer nur um eine Machtwelt kümmern müssen. Ich werde Euch von Straßburg her ein Büchlein übersenden in deutscher Sprache. Es könnte Euch wegweisend sein, wenn Ihr Gott wahrhaft suchen wollt. Ich gedachte, es das ›Buch der göttlichen Tröstung‹ zu nennen.[21]

»Ich danke Euch, hochwürdigster Meister, und freue mich auf Euer Büchlein. Wenn Ihr es nicht für unbescheiden haltet: Gern würde ich auch die Predigt von dem Edlen, der in das ferne Land zog, nachdem ich sie gehört, für mich noch einmal lesen späterhin.«

»Ich zeichne sie Euch auf und füge sie dem Büchlein bei.«

7 DIE WAND

In der Nacht nach der Predigt erwachte Agnes wie in einem künstlichen, retorteartigen Leben. Sie wußte sogleich, was es ihr sagen wollte: daß sie von Gott abgefallen war. Es umwandete sie wie die Unlebbarkeit ihres Lebens, wie die Teilnahmslosigkeit ihrer Sinne, wie die pergamentene Undurchdringlichkeit ihrer Regungen. Ihre erste Reaktion, aufzustehen und sich Bewegung zu verschaffen, erschlaffte sogleich. Sie wußte, daß die Wand ihr überall hin folgen würde. Es gab nichts, als sich ihr auszusetzen. Ein kalter Schweiß brach ihr aus. Sie wußte nicht, wie lange sie so verharrte. Oberflächenhaft und fast wie ein Gespenst ihrer alten Natur suchte ein ohnmächtiger Zorn auf den Meister sich einzuschalten. Dahin hatte er sie gebracht, hatte ihr ihren guten alten Glauben genommen, ohne ihr etwas anderes dafür zu geben; denn das, was ihm vorschwebte, daß die Seele zum Ein geführt werden, daß sie Gott begegnen solle, war nur für Geister seiner Höhenlage, aber nicht für Menschen ihres Formats. Aber der Zorn wurzelte nicht und führte nicht hinaus. Eine dunkle, nebeldichte Ballung stand neben ihr auf, sah sie von hinter her an, stand da wie eine verselbständigte Angst. Aber es war nicht die Angst ihrer Träume, die um die Seele des Vaters kreiste und um die eigenen Gewaltsamkeiten: die Blutrache an seinen Mördern, die Beraubung ihres Stiefkindes Elisabeth um sein Erbe, ihre Abstoßung ins Kloster, der aussichtslose Kampf um die Königskrone für den Bruder und die Gefahr für die Brüder – wenngleich all das mitschwingen mochte – es war die Angst vor der Ausstoßung aus dem Leben – einem Leben, das Gott gehörte. – Als sie endlich wagte, ein »miserere mei« zu stammeln, wußte sie nicht, ob sie es noch durfte, und ob es nicht ein Rückfall in den verlorenen Glauben war und damit eine Unehrlichkeit vor Gott. Aber es hielt stand. Eine leise Regung zog in sie ein. Sie hatte das Gefühl, daß eine Hergabe von ihr gefordert wurde. Da sie aber nicht wußte, worin sie bestand, dachte sie: »Herr, ich opfere Dir alles, was nicht wesenhaft an mir ist. Sage mir nur, ob ich *Dich* behalten darf?« Was man wünschen oder betrauern konnte, trat in Seinen Schatten, und sie wußte sogleich, daß Er jetzt, in dieser Stunde, in ihr war. Er, der Alleinige, und daß es Sein Siegel war, sie hierher geführt zu haben. »Du bist der Unverlierbare in uns«, murmelte sie, »und forderst nichts als unsre Hülle um Dich.« Die dunkle Ballung über ihr verflüchtigte sich, lagerte über dem Raum wie eine schwebende Dunkelheit, der eine leise, untergründige Liebeskraft entströmte.

8 DER ZWIEGESICHTIGE SCHMERZ

Elsbeth Stagel: »Mir scheint, Ihr seid in unserm Kreise jetzt heimischer geworden, Elisabeth, nicht mehr so abwesend auf Euere Schicksal konzentriert und auf die Frage, ob Ihr nun recht gehandelt habt, die Heimat aufzugeben.«

Elisabeth von Ungarn: »Wir haben uns alle verändert, seit der Meister da war.«

Elsbeth: »Ihr meint, daß seine Predigt Eure Sicht verändert hat?«

Elisabeth: »Ich habe sie nicht bis zu Ende angehört. Ich kam nicht weiter. Ich sann darüber nach, zu welcher Stufe unsres Wegs zu Gott, von der er sprach, die Überwindung meines Heimwehs gehören könnte, und daß ich diese Stufe nie erreichen würde.

Elsbeth: »Ihr habt nicht bis zu Ende gehört?«

Elisabeth: »Vielleicht mit halben Sinnen. Des Nachts darauf fiel mich ein Schmerz an.«

Elsbeth: »Was für ein Schmerz?«

Elisabeth: »Ein Körperschmerz, der Schmerz, der mich am Fronaltar befiel, ein uralter Schmerz. Dieser Schmerz war plötzlich wieder da und war mein Schmerz. In ihn war eingegangen mein tausendfaches Heimweh. Da trat etwas Unbekanntes ein. Mein Schmerz lag wie ein alter Baumstamm am Boden, und Lebenskräfte standen in mir auf, Heiltriebe, Sonnenschwaden gleich, schmerzten sich ein und dienten mir aus dunklem Heiltum. Sie formten sich aus unsichtbaren Kräften, die ich mit innrem Auge sah und rundeten sich über mir zu einer Schale, soweit ich ihr bereit war. Meine Bereitschaft war ihr Triebwerk.«

Elsbeth: »Wem botet Ihr Euch und für welchen Inhalt?«

Elisabeth: »Für keinen Inhalt oder einen, den ich nicht ermessen kann. Ihr mißversteht mich, wenn Ihr danach fragt. Ich ging in meinen Schmerz ein, war mein Schmerz und war sein Heilgeschehen, entwuchs ihm wie zu einer Schale.«

Elsbeth: »Und Ihr bestandet das?«

Elisabeth: »Vielleicht bedarf es meines ganzen Lebens, um sie zu runden, und seiner Zwiegesichtigkeit aus Schmerz und Heiltum. Nachher war mir, als ob der Herr an mir gewirkt hätte mit seiner Arztkraft und mich für eine Spanne Zeit sein leises Leben in mir spüren ließ.«

Elsbeth: »So seid Ihr nun von Euerm Schmerz befreit?«

Elisabeth: »Ob ich von ihm befreit bin, weiß ich nicht. Er hat mir nur sein untergründiges Gesicht enthüllt.«

II

DER MEISTER

1 DER REGENBOGEN

Meister Dietrich von Freiburg:[22] »Selten habe ich mich über den Beschluß eines Generalkapitels so gefreut wie über den, der Dich hierher nach Köln versetzte, ans Studium generale; daß Du die Leitung übernehmen wirst. Nicht nur, weil ich mich nun beruhigt zurückziehen kann, auch weil das lange Wanderleben für Dich zu Ende ist und Du hier wieder zu planmäßiger Arbeit kommen kannst. Denn soviel Zeit läßt Dir die Schule.

Und wie anspornend ist der Boden hier, wo Albertus lehrte, Du selbst noch kurze Zeit sein Schüler warst, wo Thomas seine Werke schrieb, wohin ich Dich von Erfurt her einst nachholte. Doch was liegt alles dazwischen: Die Professur an der Sorbonne, die hohen Ordensämter, die Klosterschule in Straßburg![23] Hohe Auszeichnungen, Freund, und hohe Forderungen an Dich. Aber Köln war für die meisten der Abschluß und die Krönung ihrer Laufbahn. Von Weltverpflichtungen weitest entlastet, kann man hier zur Muße für seine Studien kommen.«

Meister Eckhart: »Ja, das wäre gut, wenn ich hier Zeit fände, zusammenfassen, was mir bedeutsam wurde, oft auf der Wanderung in den Sinn kam, kurz notiert oder in Gedanken aufbewahrt. Die Wanderwege waren mir darum auch gar nicht so beschwerlich, wie Du vermutlich denkst. So aus dem Wort entlassen und aus der Pflicht zum Wort, steigt uns das Unwortbare oft um so freier auf, ja, formt sich sogar leichter zum Gedanken und zum Wort.

Doch jetzt will ich versuchen, es zu ordnen. Ansätze sind gemacht im Winter, wenn es keine Wanderung gab, und ich in Straßburg nur die Schule hatte.«

Dietrich: »Zuerst mußt Du mal wieder heimisch werden hier bei uns. Ist Dir schon aufgefallen, wie sich das Territorium vergrößert hat? Fast ein Straßengeviert nimmt es ein: von der Stolkgasse bis zur Marzellenstraße, rechts und links begrenzt von der St. Ursula und von der Straße, die sie nach uns benannt haben. Alles noch so gut wie unbebaut, so daß wir unsre Ruhe hier haben werden. In der Mitte bis zum Friedhof der große Baumgarten, und rechts und links vom Hinterpförtchen die Gemüserücken. Hier oben an der Stolkgasse natürlich ist es bebaut, nur eben dieses Stückchen Garten aus dem ehemals Herzoglich Limburgischen Stadtbesitz wurde verschont, weil es so kunstvoll angelegt war und so selt'ne alte Bäume hegt. Hier bin ich noch immer im liebsten. Sieh diese Linde! Fast schleifen ihre Zweige am Boden. Ein schönes schattiges Plätzchen im Sommer! Jetzt rascheln ihre braunen Blätter im Wind.
Hier habe ich auch meine ersten Versuche gemacht über die Strahlungsverhältnisse im Kosmos: Wie sich ein Strahl verhält, wenn er vom dünnen Element der Luft ins dichtere des Wassers eintritt.«

Eckhart: »Du meinst Deine Regenbogentheorie?«[24]

Dietrich: »Die stand dabei im Mittelpunkt.«

Eckhart: »Soviel ich weiß, hattest Du damals in Toulouse beim Ordensmeister Emmerich[25] darüber berichtet und dann mit seinem Einverständnis die Forschung betrieben.«

Dietrich: »Die herrliche Erscheinung ging mir nach

von Jugend auf, verdichtete sich, als ich eines Morgens an einem Spinnweb hängend ein Tautröpfchen in gleichen Farben schillern sah und dann, aufmerksam geworden, auf vielen Tautröpfchen im Grase das gleiche Schauspiel fand. Später versuchte ich nachzulesen, was man darüber wußte. Da herrschten die kuriosesten Vorstellungen, z. B. die, daß er von einer bogenförmig-feurigen Wolke herrühre. Als hätte es dergleichen je gegeben. Die meisten allerdings sprachen von einer Spiegelung oder Reflexion des Sonnenlichts in Regenwolken oder in den Wassertröpfchen, die aus so einer Wolke herabfallen.«

Eckhart: »Und Du hast dann als erster den Weg des Lichts in solchem Wassertröpfchen herausgefunden, durch den der eine Strahl in eine Vielfalt von Farben zerlegt wird.«

Dietrich: »Er trifft schräg an der Oberfläche des Tröpfchens auf, wird spiegelartig von dem dichteren Gemisch des Wassers abgebrochen zum rechten Winkel hin, zur Innenseite gegenüber reflektiert und wieder zum rechten Winkel hin gebrochen ins Auge des Betrachters. Beim Nebenbogen kommt es zu einer nochmaligen Reflexion, wodurch sich die Lichtstärke nochmals verdünnt.«

Eckhart: »Hast Du nun Klarheit über alle Strahlungen im Kosmos gewonnen?«

Dietrich: »Nicht über alle, doch über die meisten, z. B. über den Mondhof und die Dunstkreise der Sterne, die alle ähnliche Voraussetzungen haben müssen, nur daß es da nicht bis zur Farbenbildung kommt. Gänzlich unklar aber ist mir z. B. noch die Strahlung der Milchstraße; die unterliegt vermutlich anderen Gesetzen. Ich halte sie im übrigen für außerordentlich weit entfernt, gar keinesfalls für sublunarisch. Ja, ich bin versucht, an einen zehnten Himmel zu denken, noch über dem Fixsternhimmel, dem sie angehört.«

Eckhart: »Und diesen Gang so eines Strahls, vom Eintritt bis zur Zerlegung in die Farbenskala hast Du im kugligen Kristall beobachtet?«

Dietrich: »Ja, und in Flaschen, die ich mit Regenwasser gefüllt hatte.«

Eckhart: »Soweit ich mich erinnere, war da noch ein anderer Versuch mit einem Wasserbecken. Auf seinem Grunde lag ein Spiegel, und es stand unter der Sonne im Zenit.«[26]

Dietrich: Ganz recht, das war die andere Möglichkeit. Der Spiegel diente zur Verstärkung. Wenn dieser Strahl nämlich von oben her, also im rechten Winkel zur Oberfläche des Wassers einfällt, wird er nicht abgebrochen, sondern reflektiert und nimmt den gleichen Weg zurück.«

Eckhart: »Zurück zur Sonne!«

Dietrich: »Wenn Du so willst, ja! Hier ist die Sonne stärker als das Medium Wasser, doch wenn der Strahl schräg einfällt, wird er zerspalten wie beim Regenbogen.«

Eckhart: »Dann nimmt er gleichsam das Gesetz des undurchlässigeren Mediums an und wird von ihm zerteilt.«

Dietrich: »Ja«.

Eckhart: »So wie die Schöpfung – aus dem Licht entlassen – in das Gesetz der Grobheit einging und ihre Vielheit annahm! Es rührt mich immer wieder, wenn ich in der Natur oder im Menschengeist die Urprinzipien der Schöpfung angedeutet wiederfinde. Als blickten sie vom hintergründigen Lebensbaum aus Blütenaugen uns an.«

Dietrich: »Was erschiene Dir denn sonst noch als ein Widerschein der Schöpfung?«

Eckhart: »Na, z. B. dieses Haus hier, wie es entstand! Nicht wie es ausgeschachtet und aufgeschichtet, behämmert und beschnitten wurde. Sein Ursprung liegt weit vorher: ist das Modell des Hauses im Geist des Baumeisters. Du könntest noch weiter zurückgehen. Es lebte schon in ihm, bevor es sich ihm zum Modell verdichtete. Da war es nichts als Leben in ihm. Leben von seinem Leben. Als er es formte und in die Welt des Sichtbaren entließ, trat es aus ihm heraus, wurde gleichsam aus seinem Geist geboren, sein Geistessohn. Du könntest auch sagen, es war das Wort, das er in diese Steine sprach, wenn ein Wort Aus-druck ist, Hervortreten geistigen Lebens nach außen. Und doch bleibt's immer auch in seinem Geist bei ihm, sein Hervortreten dagegen ist dem Geistesbild nur angenähert, soweit es die Materie zuläßt.«[27]

Dietrich: »Zugegeben, das wäre ein irdisch adäquater Vorgang, wie ihn Johannes für das Erscheinen des Logos in der Welt beschreibt.«

Eckhart: »Nimm noch ein ander Bild, ein geistiges Gebäude: eine bedeutende Erkenntnis oder das Werk eines Dichters oder selbst eine inhaltsschwere Predigt. Was da dem Geiste vorschwebt und in ihm lebt, Leben ist von seinem Leben, das ist ein ungeformtes Geheimnis in ihm. Das kann er nicht entziffern, geschweige denn in Worte fassen. Doch es bedrängt ihn mehr als irgendetwas in seinem Leben. Er leidet unter seinem dunklen Drang. Er leidet wie ein Stummer, dem die Worte fehlen. Oft ist es eine äußere Erschütterung, die ihn dunkelhörig macht. Ein neues Organ bildet sich in ihm für etwas, dem er nicht ausweichen kann, weil es ihm schwerer wiegt als alles Glück. Die geheime Vitalität des Leides entbindet Erleidekräfte. Ein inneres Geschehen, ein Innerwerk begibt sich in ihm, wird Innenvibration, ergründet den Anlaß des Leides, schafft eine Leere in ihm – und schöpft aus dieser Leere. Sucht Form für das noch Ungeformte. Und doch muß er es bis zur Neige herbeileiden, denn was ihm eingegeben wird in Bildern und Gedanken, ist ein Geschenk, das er erleidend empfängt.«

Dietrich: »Ist's nicht ein Widerspruch, etwas erleiden zu müssen, was man geschenkt erhält?«

Eckhart: »Es gibt Geschenke, die man gar nicht wahrnimmt, weil man zu ihrer Eigenart noch keine Fühlung hat. Sie sind noch nachtschwer. Doch schon das leiseste Erkennungszeichen, Gedankentüpfelchen, daß etwas auf ihn zukommt, verwandelt die Nacht, ist wie das erste Aufblitzen des Sonnenballes überm Meer und das Erleiden wird zum Empfangen.«

Dietrich: »Und welches wäre der Schöpfungsvorgang, dem Du ein solches erleidendes Empfangen vergleichen würdest?«

Eckhart: »Die ewige Schöpfung. Da wir im Urerleiden Gottes mitschöpfend werden. Gäbe es nämlich ein Geschenk, das so subtil wäre, daß der Gedanke noch zu grob es aufzunehmen wäre, das nur noch reine Schöpferkraft, es brauchte einen Erleidegrund, der gleich subtil, der nur noch Lauschen wäre, Brennpunkt für seinen Schöpferfunken, Organ, ihn aufzunehmen, allhöchste Wirklichkeit der Seelenkräfte wäre das! Wo aber sollte Gott die Welt erschaffend weitertragen, wenn nicht an diesem tiefsten Pulsschlag der Welt, wo er den Sohn gebiert in einer Seele Beckengrund, den ewigen Strahl, und sie ihn widerspiegelt, nur noch sein Brennpunkt, sein empfangnes Wort!«[28]

Dietrich: »Wenn ich Dich recht verstanden habe, wäre das, was Du das Mitschöpfen am Werke Gottes nennst, ein überhöhter Erkenntnis- oder Künstlervorgang?«

Eckhart: »Umgekehrt: unsere Erkenntnis oder das Werk der Kunst ist abgebrochne Schöpfungskraft.[29] In das Verstehbare abgebrochen und ist nun wohl noch eine herrliche Erscheinung wie der Regenbogen, doch nicht mehr ungeteiltes Licht!«

Dietrich: »Soweit ich es beurteilen kann, muß ich Dir widersprechen, Freund! Nach meiner Ansicht ist die Erkenntnis und auch die Fähigkeit zur Kunst eine selbstwirkende Kraft. Als eine erleidende Kraft kann ich sie nicht verstehn. Mir scheint, damit bist Du der Forschung auch entglitten.«

Eckhart: »An welcherlei Erkenntnis denkst Du da?«

Dietrich: »Z. B. an meine Regenbogentheorie. Ich prüfte nach, was bekannt war, stellte Versuche an und kam zu der Erkenntnis, daß es an der Reihenfolge lag: Brechung, Reflexion, Brechung. Das war das ganze Geheimnis des Bogens. Als es mir aufgegangen war, erschloß sich mir die Strahlung im Kosmos. So meine ich, der Verstand trägt uns die einzelnen Ergebnisse zu, wir prüfen sie unter dem Gesichtspunkt der Vernunft und gewinnen das Prinzip der Dinge.«

Eckhart: »Da hast Du recht, die Kenntnis dieser natürlichen Zusammenhänge empfängt man nicht aus Spiegelbildern der höchsten Seelenkräfte. Es sei denn, daß sie einen unwissend zur Forschung beflügeln. Die große Intensität und die Ausschließlichkeit, mit der man sich der Sache hingibt, die Vorrangigkeit, die sie vor anderen einnimmt, die Freude an ihr, kurz die Einbezogenheit auf dieses Anliegen erzeugt erhöhte Fähigkeiten auch im Bereich der sachlichen Erkenntnis und schafft uns im Zusammenspiel von Geist und von Erfahrung die erhöhte klare Vorstellung, die wir Vernunft zu nennen pflegen.«

Dietrich: »Wir sind uns darin einig, Bruder Eckhart, daß die Vernunft die höchste naturgegebne Kraft ist, die wir kennen. Doch ist sie m. E. eine selbstwirkende, wahrheitsgehaltig in sich selbst.«

Eckhart: »Freund, es gibt eine Erkenntnis, die die Vernunfterkenntnis überschreitet so weit, daß man sagen könnte, sie ist in ihr erstorben. Es sei denn, daß sie ihr rückwirkend neues Leben spendet, wie etwa der Sonnenball ein Schattenspiel ermöglicht unter dem Blätterdach der Bäume. Es gibt eine Erkenntnis, die in der Form des Lichtes erkennt, und Du erleidest sie nicht nur, Du erstirbst sie. Sie gibt Dir nicht Einzelergebnisse, wie der Verstand, oder Prinzipien, wie die Vernunft, sie versetzt Dich in die Schwingungen eines Lichtlebens.

Aber es sind nicht die Strahlen der Sonne, die Dich aufnehmen, oder der Schein des Mondes oder das Flimmern der fernen Milchstraße. Es ist die Klarheit des Verklärungsberges[30], die in Dich einbricht!

Warum forschen wir, warum tut uns kein Ergebnis Genüge, sondern jedes löst eine neue Frage aus? Weil es eine Erkenntnis gibt, die keine Erkenntnis mehr ist, sondern eine Gegenwart. Wir sind ein Jetzt, wenn wir in diese Lichtwelt eingehn.«[31]

Dietrich: »Und . . . ist es das, was Du das Mitschöpfen am ewigen Schöpfungswerke nennst?«

Eckhart: »Mitschöpfend als Empfangender in seiner Seele Beckenleere und Widerspiegelnder, so lange ihn die Kreise der Leere umziehn.«

Dietrich: »Und dann?«

Eckhart: »Und dann beginnt die Brechung an den Nebeltropfen des Verstehbaren, in welchen Farben sie auch immer schillern mögen, das Mitwirken in der Finsternis. Laß es mich Dir ein wenig deutlicher machen an zwei Fragen: Kann einer Mitwirker der Gottheit sein, ohne mitzuwirken, ohne das Unaussagbare auszusagen, das sich jenseits der Wolkenschicht vollzog? Gott gab es ihm nicht nur für sich, sondern durch ihn der Welt. Zum andern: darf er es weitergeben? Denn er empfing es auf den Fühlern des ungeteilten Lichts und gibt es weiter gebrochen durch seinen Geist, durch das Wort des Mundes, den fremden Geist. Mehr noch, die, denen er es weitergibt, haben ihre Fühler gar nicht ausgestreckt, vielleicht nicht einmal ausgebildet, sie nicht geübt oder verstümmeln lassen. Was weiß er, wieviel Seelen ihm entgegenwarten, was weiß er, wieviel Seelen er verwirrt und, was noch schwerer wiegt, wieviele seine höchste Wahrheit im Unverstand verzerren, wenn nicht gar zum Geschwätz mißbrauchen. In ihnen wird er schuldig am Geheimnis. Die Brechung an der Finsternis ist eine Menschennot, die noch kein Dichter erfaßt und keine Chronik verzeichnet hat – als ob nicht er, als ob das Unerfüllbare ihn durchleidet und das Geschehn ihn übertrifft, auch hier.«

Dietrich: »So wäre also Deine Antwort auf die Fragen, daß er es weitergeben soll?«

Eckhart: »Die Antwort ist auch eine doppelte: Er kann es gar nicht weitergeben, denn es ist unmittelbar. Er muß es weitergeben, denn all sein Wesen zeugt davon und jedes Wort, auch wenn er von ganz anderm redet; wenn er sein Tagewerk vollbringt, eine Erkenntnis ausspricht, eine Kunst übt, eine Predigt hält. Er sieht die Welt gespiegelt im Beckengrund der Seele. Es müßte sich auslöschen, wenn er es verschwiege.«

Dietrich: »Erlaube meiner Nüchternheit noch eine Frage: Wie willst Du es beweisen, daß Du mit Deinen Aussagen noch auf realem Boden stehst?«

Eckhart: »Damit, daß es in eines Menschen Leben Entzeitlichungen geben kann, da er in eine Lichtwelt eingezogen wird – ein zeit- und raumenthobnes, aussageloses Ein im Unvergänglichen, da er im Innenreiche Gottes Geburt erhält, die Sohngeburt.«

Dietrich: »Freund, Du hast Welten der Seele durchreist. Vermessen wär's, sie durch den Brechungswinkel des kritischen Verstandes zu betrachten, als wollt man Sonnenstrahlen prüfen im Medium des Kristalls, da, wo sie Farben sind statt Licht.

Zwar meine ich, wir können in den Regionen des Unaussagbaren nicht mehr entscheiden, wer oder was sie sind, nur daß sie unaussagbar sind. Doch sind sie da, und ihre Wirklichkeit bestreiten hieße, das Leben auf das Aussagbare zu verengen und ihm vielleicht damit die Wurzel zu entziehn. Von daher hast Du mich gewonnen.«

Eckhart: »Nicht daß Du anerkennst, daß Du Geburt begehrst, ist Deines Lebens Weisung.«

2 HEINRICH SEUSE[32]

»Verzeiht mir, Meister, wenn ich Euch bei der Arbeit störe. Ihr sagtet, daß wir zu Euch kommen dürften, wenn irgend etwas uns auf der Seele liegt, und Euch die Abendstunde genehm wär.«

»Tritt näher, lieber Freund! Ich freue mich immer, wenn einer von Euch kommt und mich beim Worte nimmt. Setz Dich und rede frei. Doch wart, nimm erst mal einen Schluck hier aus dem Wasserkrug. Grad bracht ihn Konrad aus der Pütz. Du hast so spröde, fieberhafte Lippen. Ich gieße Dir ein. – Du siehst den Trank verlangend an und schiebst ihn von Dir? Trinke getrost nur, Bruder Heinrich, man sammelt die Gedanken besser, wenn man sich vorher erfrischt hat. Wenn ich solch würzig klares Wasser vor mir sehe, dann denk ich gerne an den Brunnen von Samaria und wünsche mir, daß er in mir zu dem lebend'gen Wasser werde. Die Elemente suchen ihre Überhöhung in uns, wie wir die unsere in Gott.«

»Ich dank Euch, guter Meister! Wohl tut der Trank, durchrieselt mich, als wär es Wein. – Lang hab ich ihn entbehrt.«

»Du treibst sehr hart Askese, lieber Bruder?«

»Ich hab gehungert und gedürstet, bis mir die Zunge barst. Ein hären Hemd hab ich getragen und eine Eisenkette um den Leib, ein Kreuz auf meinem Rücken. Seit langem kenn ich keine Lagerstatt, und nur, wenn nachts die Müdigkeit mich überwältigt, schlaf ich auf meinem Stuhle sitzend ein.«

»Welcher Schuld klagst Du Dich an, daß Du so harte Buße Dir auferlegst?«

»Ist Euch noch die Geschichte vom Zauberer Simon Magnus in der Erinnerung? Berühmt war seine Zauberei und große Macht übte er auf die Seelen aus. Da traf er eines Tags auf die Apostel, sah, wie sie Kranke heilten und Wunder wirkten und wußte nicht, daß sie es in der Kraft des Heilgen Geistes tun. Er trat an sie heran und bat sie, daß sie ihn ihre Künste auch noch lehrten zu den seinen, damit er in der Zauberei vollkommen wär – und bot sein Geld, wenn sie es täten. Doch die Apostel wandten sich entsetzt von ihm. Seitdem gibt es die Sünde der Simonie, der größten Sünden eine. Sie liegt auf dem, der sich die Gaben des Heilgen Geistes für Geld erschleicht.«

»Das sollte Deine Sünde sein? Wenn im Colloquium Du vor mir sitzt mit brennend unverwandtem Blick, dann denk ich oft, das ist noch einer von den Unsern. Für den ist Geist noch Geist vom Heilgen Geist. Er braucht ihn, er gehört zu seinem Leben genau so wie der Atem, den er einzieht.«

»Ich war im Elternhaus der Mutter zutiefst verwandt. Ganz anders als die Schwester, die dem Vater glich: ein weltfroh-wildes Kind, oft unbedacht, nie gern allein für sich. Mich zog der Mutter sinnende Verträumtheit, die leise Trauer in ihrem Blick, die wunderbaren Verse, die sie wußte, und die Legenden von der Heiligen Geschick. Gern bracht ich sie in die Kapelle, betrat beklommen den erhabnen Raum, betrachtete die Bilder Stell für Stelle und wagte oft zu atmen kaum. Der Hang in mir zum Geistesleben war dann entscheidend. Der Vater gab nach. Doch als sich meine Eltern entschlossen, mich herzugeben, war ich erst dreizehn Jahr. Das Kloster war gar nicht bereit, mich aufzunehmen. Ich hatte nicht das vorgeschriebne Alter, das Sankt Dominicus auf fünfzehn festgesetzt. Ihr wisst's. Sei es nun, daß meine Eltern den einmal gefaßten Entschluß nicht mehr gefährden wollten, sei es, daß meine Überschwenglichkeit sie rührte, sie boten eine ungewöhnlich hohe Spende! Man nahm mich auf! – – Er war zutiefst im Recht, der Heilige. Geistesgaben soll man nicht Kindern reichen, und Ungeduld darf nie und nimmer so einen Schritt bestimmen.«

»Erklär mir näher, Bruder Heinrich, was Deine Seele quält. Wenn Eltern ihres Kindes Mitgift dem Kloster übergeben, weil es für sich den Armutseid zu leisten hat, so ist das recht und Brauch und keine Simonie.«

»Nein, nein, so ist es nicht. Verzeiht, wenn ich Euch widerspreche. Wär's eine Spende nur gewesen, wie man sie allenthalben gibt, sie hätte mich nicht bedrückt. Es war ein Kauf, mit dem man meinen Eintritt ins Geistesleben vor der Zeit erzwang. Daß es so war, begriff ich erst, als ich die Lehre von der Simonie genau durchdachte und ihren Ursprung. Da war ich längst geweiht.

Wenn ich das Kloster jetzt verließ, so brach ich die Gelübde, wenn ich blieb, dann war ich ein verkappter Frevler im Priesterstand. Erlaßt es mir, die Qualen aufzuzeigen, die aus dem heilgen Amt mir immer wieder neu erwuchsen, je herzinniger ich dienen wollte, um so mehr. Wie soll ich Sakramente spenden? Wie soll ich andern Buße auferlegen, wenn ich sie alle an Sünde übertreffe, mein Leben als ihr Priester selber Sünde ist?

Erschlichnes Amt! Ein Zauberstück des Simon Magus! Ein geistiger Minnetrank, den ich nicht trinken sollt, der abgelistet, nun vergiftend durch meines Geistes Adern rollt.«

»Warum meinst Du, daß er Dich vergiftet, Freund?«

»Weil meine hemmungslose Traurigkeit mich selbst verzehrt, die sündige, die große Schwermut, die alle Wahrheit mir verkehrt, daß ich die Lehren unsrer heilgen Kirche nicht mehr glauben kann – – allein steh ich, im ew'gen Raum verloren. Für mich ist Gottes Sohn niemals geboren. Ich schreit auf Nebel ohne Grund und Pfad. Ich weiß nur eins: Für mich wird nie mehr Rat. Was ich auch tu, es ist umsonst getan. Gott hat mich fallen lan.«

»Meinst Du, daß Gott einen verstoßen will, den er mit solchen schweren Vorstellungen betraut hat, sie zu durchleben?«

»Gott hat nicht alle auserwählt. Wer schon jetzt auf Höllenstraßen wandert, dem sind sie wohl auch dort gewiß. Was sind die Peinigungen alle, die ich mir auferlegt: der Durst, die ungeschlafnen Nächte, was die Verdächtigungen meiner Brüder, denen ich fremd geworden war, was ist das alles neben dieser Einsamkeit der Gottesferne, die mich umfängt.

Wär ich daheim geblieben, wie es der Vater wollte, ich wäre meinen Weg gegangen, so oder so, und stände gerechter da als jetzt in des gefallnen Engels List. Ich komm Euch fragen, Bruder Eckhart, wie ich es halten soll, ob Ihr es wißt.«

»Sei es nun, daß eine Sünde auf Dir liegt oder nicht, darauf kommt's gar nicht mehr an. Du bist ein Sündenkranker, Bruder Heinrich. Glaube nicht, daß ich nicht voll ermessen könnte, was das heißt. Kein Weh ist tiefer als das Weh der

Sünde. Das Leben scheint uns stille zu stellen vor Traurigkeit und lebt nur noch in dieser einen Sünde. Doch vollzieht sich hier oft eine eigenartige Verbindung zu dem, an dem wir sündigten, oder zu Gott, nicht die eines Glücklichen, eine schwere, dunkle, ewigkeitliche Liebesverbindung. Sie kommt aus einer Erlebnistiefe, die uns eintströmend oftmals übersteigt. Du hast noch nicht Organ für sie gebildet, Bruder Heinrich. Das Klima Gottes ist so stark, daß es Dich schüttelt wie ein Fieber, ein Sündenfieber. Du hast noch nicht Organ gebildet für Gottes Liebe, in der auch Deine Sünde nichtig wird. Ich habe einmal in einem Schriftchen gesagt, wenn Gott will, daß ich Sünde hab' getan, soll ich nicht wünschen, sie nicht getan zu haben.[33] Ob Du das wohl verstehst? Ein Grobsinniger, der seine Sünde abschütteln kann wie Staub, versteht es nicht. Ein Gottdurchlittener könnte es verstehn.«

»Unheimlich scheint es mir, daß Gott meine Sünde gewollt hätte.«

»So sag mir eins: Liebst Du Gott weniger, seitdem Du Dich als auswegloser Sünder weißt?«

»Nein, Herr, ich liebe Gott nur inniger, seit er mir unerreichbar ist.«

»Und bist in der Erniedrigung gesammelt auf diese eine Schuld.«[34]

»Und bin in der Erniedrigung gesammelt auf diese eine Schuld.«

»Würdst Du ihn auch noch lieben, wenn er Dich in die Hölle versetzte?«

»Ja, Bruder Eckhart.«

»Dann kanst Du's wagen. Liefre Dich ihm aus, und wolle nichts für Dich, als was er für Dich will. Diene ihm in der Sünde, als wärst Du auf der Schwelle der Gnade, sei es als Priester oder was es sei, denn Unvollkommenheit ist unser Handlungsraum, den er uns zuerteilt hat. So eingewurzelt sollst Du in ihm stehn, daß Du gar nicht mehr fragst, wohin er Dich versetzt: ob er Dich unter die Dürstenden versetzt oder unter die Satten, unter die Liebenden oder unter die Quäler, unter die Betenden oder unter die Sünder. Und wenn er in die Hölle Dich versetzt, wirst Du auch in der Hölle in seinem Willen sein, und Deine Hölle wird Dein Himmelreich, denn seinen Willen zu erfüllen, ist unser Himmelreich.[35]

Du bist nicht einsam, Bruder Heinrich. In jedem Leid, das Du aus seinen Händen nimmst, leidet er selber mit. Das mußt Du Dir ganz gegenwärtig vorstellen. Indem er in Dir leidet, durchliebt er Dich.«

Nach der Mitternachtsmesse blieb der Bruder Heinrich Seuse noch lange im Chor der Kirche. Er tat es oft, aber dieses Mal war seine Andacht anders als sonst. Sie hatte nichts mehr von dem beschwörenden Flehen um göttliche Gnade. Er brachte nur seine überquellende Dankbarkeit dar. Sie schien aus ewigen Räumen auf ihn zuzuströmen, ihn aufzunehmen und zurückzufließen. Späterhin, als sein übermüdeter Leib in einen leisen Schlummer sank, nahm in dem noch wachen Geiste das Gespräch mit dem Meister die Form eines zeitentrückten Geschehnisses an. Die ewige Wahrheit trat ihm entgegen und stand ihm Rede, und er fragte sie nach Herzenslust. Sie bediente sich der Gedanken des Meisters, und ihre Züge waren den seinen verwandt.

Sobald er erwachte, eilte er in seine Zelle, suchte sein Schreibgerät hervor und schrieb beim dämmernden Morgenlichte das Gespräch aus dem Gedächtnis nach, verwahrte die Blätter in seiner Lade, verließ den Stuhl, auf dem er bisher geruht, und streckte sich auf seinem Strohsack aus, bis die Glocke zur Morgenmesse rief.

3 JOHANNES TAULER[36]

Im hohen gotischen Chor der Dominikanerkirche saß der Bruder Johannes Tauler nach verklungener Mitternachtsmesse. Nur wenig Mönche waren wie er noch auf ihren Plätzen oder vor dem Altar zurückgeblieben. Er saß regungslos, nur sein Atem ging aus und ein. Nicht einmal seine Lippen bewegten sich zum Gebet. Er betete nicht. Er wollte jetzt nur eins: sich auf sich selbst besinnen, sich unbeschönigt durchschauen in allen Schattierungen des vergangenen Tages oder ihren Spiegelbildern, den Anfechtungen. Es war die Stunde seiner priesterlosen Beichte. Erst wenn ihm diese abgenommen war von dem unsichtbaren Beichtiger, denn er allein für zuständig hielt, fand er den Mut, sich der Stille zu überlassen. Die Zeitspanne der Einkehr, die dann folgte, war ihm die ersehnteste des Tages. In der tiefen Lautlosigkeit der Mitternacht, wo die ganze Natur im Schlafe lag, schienen auch die der Natur zugekehrten Seelenkräfte entschlummert und hielten den Weg der Ewigkeitskräfte nicht mehr auf. Wenn je, so spürte man wohl nur in der Stille der Mitternacht ein Stückchen Unvergänglichkeit in sich, Kräfte, von denen es hieß, daß sie zeitlos wären und ohne Alter[37].

Heute verwob sich seine Selbstbesinnung sonderbar mit der Epistel des Tages, die er zu durchdenken hatte: »Wie der Hirsch schreit nach frischem Wasser, so schreit meine Seele, Gott, zu Dir.«[38] Wie er es verstand, das Bild vom dürstenden Hirsch. War sein Durst nach den heiligen Quellen etwa geringer als der anderer, nur weil er sich nichts vormachte? Er hatte keine andere Waffe gegen den Feind, als seine nüchterne Wachheit, mit der er sich durchschaute, und nie verließ ihn eine geheime Furcht vor dem Urteil Gottes über ihn.

Als Knabe war er einmal zur Jagd mitgenommen worden. Sei es nun, daß die Kindheitserlebnisse besonders einprägsam waren oder die Erinnerungen aus dem Elternhaus an Bedeutung gewannen, das Bild der Jagd hatte ihn nie ganz losgelassen. Es war keine lustige Jagd gewesen. Seine Sympathie hatte von Anfang an dem gejagten Wild gegolten, besonders einem Hirsch dabei. Ruhig äsend war er aufgeschreckt worden von den Hunden und davongestoben in rasender Flucht, von der Meute verfolgt. Da hatte ihn einer der Hunde erreicht, der großen einer, warf sich unter ihn, faßte ihn am Bauche und biß sich fest. Wenn der Hirsch jetzt nachgab, war er verloren, dann fiel die ganze Meute über ihn her und brachte ihn zu Strecke. Aber er gab nicht nach. Er schleifte den Hund im Laufe mit sich fort, bis er zu einem Baum kam, und mit einer geschickten Kehrtwendung seines Körpers schlug er ihn gegen den Baum so lange, bis er losließ und verendete. Die Meute hinter ihm jaulte und blieb mit eingezogenem Schwanze zurück. Er hatte Vorsprung. Jetzt schossen die kleineren Hunde hervor und nahmen die Verfolgung auf. Aber auf sie achtete der Hirsch nicht mehr, so wütend sie ihn auch umkläfften. Ohne Halt, von seiner Furcht getrieben, rannte er vorwärts, immer geradeaus, immer denselben Weg. Schließlich war er den Blicken der Verfolger entschwunden. Erst sehr viel später sahen sie ihn auf einer steil abfallenden, wild zerklüfteten Anhöhe stehen und Wasser trinken an einem Quell, der dort entsprang. Überdurstig wie er war von der langen Jagd, stand er mit den Beinen im Wasser, öffnete weit seinen Mund und trank aus vollen Zügen. Da aber das Gestein für die Jäger kaum zugänglich und auch für die Hunde gefährlich war, sah man einstweilen von der Verfolgung ab.[39]

Den ganzen Tag über hatte sich das Jugenderlebnis seiner Erinnerung aufgedrängt. Jetzt, in der Stille der Nacht, wurde es ihm transparent. Gewohnt in Symbolen zu denken, erschien ihm das Bild von der Jagd als ein Gleichnis seines Lebens. Er selber war der Hirsch.

Einst hatte man geglaubt, mit der Abkehr von der Welt dem Widersacher entronnen zu sein. Und dann merkte man, daß die Kutte und die Tonsur noch nicht heilig machten und man im Grunde derselbe geblieben war, dasselbe Leben noch in einem kreiste, daß es sich nur verlagert hatte von außen nach innen, daß die Anfechtungen ganz und gar nicht beendet waren, sondern nur in anderem Gewande auftraten. Der Feind stand überall auf der Lauer!

Wie gierige Hunde hatten sie ihn angefallen, die Drangsalen seines Blutes, die Ungezügeltheit seines Verstandes, die Zwanghaftigkeit des Gemeinschaftslebens, schwerer vielleicht als je weltliche Sünden bedrängen konnten. Da hatte er sich den älteren Ordensbrüdern angeschlossen und sie zum Vorbild genommen, die Ordensregel nicht nur in aller Strenge eingehalten, sondern sie vielfach übersteigert. Er wollte diesen alten ehrwürdigen Mönchen nicht nachstehen, die ganz mit ihren Gewohnheiten des Fastens, des Wachens, des Psalmenlesens, der Gebetszeremonien verwachsen waren, sich selbst in ihnen verloren oder überwunden zu haben schienen. Es stellte sich aber bald heraus, daß er zu einem solchen Leben nicht gesund genug war. Die untergründige Gewaltsamkeit dieses Lebens erforderte eine robustere Natur als die seine. Er wurde krank, mußte es aufgeben und mit Trauer erkennen, daß Gott diesen Dienst nicht von ihm annahm, daß er für einen Lebensstand unfähig war, für den er sich berufen geglaubt.

Da er dies nicht aushielt, jung wie er war, hatte er versucht, sich selber zu entfliehen und nicht gemerkt, daß ihn ein anderer Hund einholte, der Hund des geistlichen Hochmuts. So jedenfalls erschien es ihm jetzt rückblickend, wenn er an seine wohlgeformten Predigten aus jener Zeit zurückdachte mit den frisch eingelernten Thesen und erstaunlichen Kenntnissen von göttlichen und menschlichen Welten. Wie überlegen hatte er sich darin gefühlt, und wie erfahrungskalt waren sie gewesen.

In der priesterlosen Beichte einer Nacht dann, als ihn die Stille umrieselte wie ein Regen der Ewigkeit, war er sich vorgekommen wie ein elender Schwätzer, der hohe und höchste Weisheiten feilbot, um sich in seiner geistlichen Würde zu beweisen, ja, wie der Knecht, der das ihm anvertraute Gut seines Herrn sich selber zu eigen gemacht hatte. Seit daher wußte er, daß die Gabe des Wortes seine heilige Mitgift war, ein in ihm lebendes Vermögen. Er durfte ihr dienen mit allem, was in ihm lebte, seien es nun die Erinnerungen an sein Vaterhaus oder die Furcht vor dem Widersacher, nur nicht mit Schwätzereien.

Nicht viel besser war es ihm ergangen, als er – um nicht abseits zu stehen – mit Gleichaltrigen mithalten wollte. Vielleicht war es nur die stärkere Intensität gewesen, mit der er das Leben aufnahm, die sie trennte, die ihnen unverständlich, abwegig, verschroben erschien, während ihn ihre Themen über zukünftige Positionen oder Verhältnisse des Elternhauses und der Verwandtschaft auf die Dauer langweilten, ihm fade erschienen. Vor allem aber hatte es ihn gereizt, wenn er an ihnen seine mühsam erkannten eigenen Verfehlungen entdeckte und sie für seine Vorhaltungen darüber unzugänglich waren, wenn er sah, wie ein anfänglicher Elan bei ihnen in ein Florieren mit geistigen Werten umschlug oder gar eine Spottlust über diesen oder jenen aufkam, den sie für einfältig hielten, weil er ein Stillerer war.

Schließlich hatte er sich von ihnen zurückgezogen wie von argherzigen Kläffern und hielt sich, soweit es anging, auch von dieser Geselligkeit fern. Er hatte nicht mehr den Ehrgeiz, unter ihnen beliebt zu sein. Er wollte die Kehr, aber ihn fror, wenn er daran dachte, daß dieser Rückzug in eine fast absolute Negation sein Leben war.

Er wußte auch nicht, wie er es aushalten sollte. Es schien ihm zuweilen, als ob er sich in Räumen der Leere bewegte oder an den Wänden der Ewigkeit dahinstrich, von woher Gott ihn anschwieg, unbarmherzig und gnadenlos. Da war nichts, das ihm einen Zugang öffnete. Gar nichts? Oder doch etwas? Ja, etwas: daß er sich fürchtete. Diese Furcht, die den Urgrund seiner Träume bildete und die da war, wenn er die Augen auftat, war seine Urerfahrung geworden. Wovor fürchtete er sich? Vor dem Feind auf der Lauer oder vor dem Urteil Gottes über ihn? Gab es irgendeine Hilfe in dieser Verlassenheit? Ja, das tiefe, inbrünstige Gebet, das mit dem Mut aus einer anderen Welt begabte. Das mitternächtliche Gebet nach der Messe, das mit der priesterlosen Beichte begann und sich dem unsichtbaren Beichtiger überantwortete auf Gedeih und Verderb, schärfte allmählich seine Sinne, machte ihn hellhörig für das, was ihm begegnete und was es ihm zu sagen hatte.

Dann war das große Erlebnis des Meisters gekommen, der in Straßburg sein Lehrer wurde. Er trank seine Welt in sich ein, wie etwas von je Erwartetes, das sich verwirklicht hatte, und doch als eine über die Massen neue, nie vermutete Welt; als ein erlebtes Gottesgeschenk, das zutiefst herbeigelitten war,

Er wußte nun, daß Gott nicht nur durch Leiden und Versuchungen, sondern auch durch Erfüllungen schenkte. Er war wie aus einer Fremde zu ihm heimgekommen. Er mochte nur noch mit denen sprechen und Umgang haben, bei denen er eine ähnliche Wandlung vermutete, es bedurfte keiner Überwindung für ihn, seine Art zu leben und seine Anweisungen als allein verbindlich anzunehmen. Er wollte Arbeiter an seinem Weinberg werden.

Als er kurze Zeit danach eines Nachts aufwachte, hatte er den Eindruck, daß das Herrliche gestalthaft anwesend war, visuell wie zu einem feinen, lichten Strahlenknäuel verdichtet, befand es sich im Raum, während das Rauschen der Stille Besitz von ihm ergriff.

Das war die hohe Zeit seines Lebens, wo ihn selbst im Schreiten bei der Berührung des Bodens ein Glücksgefühl durchzog. Manchmal mußte er innehalten, weil er nicht weiter folgen konnte, weil es ihm an Fassungs- und Erlebniskraft mangelte, sie ihn überwältigte. So, wenn er sich vorstellte, bis zu welchem Grade der Tiefe ein Mensch zu leben fähig war. Fähig nicht nur, weil er bis zu ihm vorgedrungen, ihn erarbeitet, erlitten, erlebt hatte, sondern frei in ihm wohnte, so daß er aus seinen Worten wie von selbst herausströmte. Dann wieder dachte er erschaudernd, daß er selbst zu dieser Tiefe hingeordnet wäre. Eine neue Sinngebung seines Lebens leuchtete in ihm auf. Sie überlichtete die vorangegangenen Entwicklungsphasen und deutete auf etwas hin, das noch ungesichtig auf ihn zukam.

Das Leben ging weiter, ja, begann eigentlich erst, und große Begebenheiten zogen neue und andersartige Aufgaben nach sich. Dabei trat eine seltsame Umkehrung ein: Hatte er in der Zwanghaftigkeit seines bisherigen Lebens so etwas wie die Erlebnisweite für die hohe Welt des Meisters herbeigelebt, so schien es jetzt, als ob die neue Welt sich in der Bedrängnis der alten zu erkennen gab, daß man auch umgekehrt diese von dorther durchleidend intensivierte. Das hatte sich nicht sofort gezeigt. Wie zwei Parallelen waren beide Leben nebeneinander hergelaufen. Dann war es ein ziemlich unbedeutendes Ereignis, das für ihn bedeutend wurde. Es war während der Zeit als der Meister auf einer langen Visitationsreise abwesend war, als ihn einer der älteren Mönche, dem er sich in seiner ersten Klosterzeit angeschlossen hatte, in unwürdigster Weise zur Rede stellte. Der etwas kauzige Alte[40], dem das Treiben der Schüler des Meisters seit langem Unmut bereitete, ihre freie Art, der Askese nachzugehen, in der er die Leistungen der älteren Generation herabgesetzt glaubte, meinte, diesen Neuerungen entgegentreten zu müssen, wo immer sich Gelegenheit bot: Er solle sich nur nicht so hochgemut geben, er lebe doch in einer Unwahrheit, mache sich einer steten Unlauterkeit schuldig in bezug auf die Almosenannahme.

Der Tauler erschrak. Er hatte keine Unredlichkeit begangen, das wußte der Alte genauso wie er. Und doch war eine wunde Stelle in ihm aufgerissen worden, grob, wissentlich und wie es schien nur um zu verletzten.

In den ersten Jahren seiner Klosterzeit, als er nach den Satzungen des Ordens dem Bettel nachzugehen hatte, hatte er eine Scheu davor gehabt, die Spenden anzunehmen. Er hatte gemerkt, welche Erwartungen für ihr Seelenheil sie alle, die großen und die kleinen Geber, daran knüpften. Welche Verpflichtung für die Empfänger. Was konnte er letztlich für sie tun, außer der Erfüllung seiner Priesterpflichten? Aber selbst diese, wieweit erfüllte er sie, ungeordnet in sich selbst, wie er war? War er berechtigt, sie anzunehmen?[41]

In dieser Bedrängnis hatte er sich dem Alten anvertraut, der ihn aber nicht recht verstand: Da er dem Altar diene, habe er ein Recht darauf, von ihnen zu leben, erklärte er ihm. Das war es eben, diente er ihm? War er auch nur ein Prediger, wie er dem heiligen Dominicus vor Augen gestanden hatte? Diente er aber nicht oder diente er nicht recht, so war der Almosen, von dem er lebte, Diebstahl und wälzte Schuld auf ihn. So überkam ihn jedes Mal, wenn er daran erinnert wurde, oder dem Bettel nachging, ein Widerwille. Er schämte sich, als Sohn des Vaters Dominicus vor ihnen zu erscheinen und doch kein Sohn zu sein.

Späterhin waren ihm Bedenken über das gesamte Bettelwesen gekommen, wenn er bedachte, daß er vom Erbe seines Vaters gut hätte leben können, nun aber die Zwanghaftigkeit der Almosenannahme immer wieder überwinden mußte.

Wenn es so weit ginge, hatte der Alte gemeint, so käme das

einer Verletzung der Ordensregel gleich und müsse von einem Oberen entschieden werden, dem er zu beichten und dessen Straf- oder Bußübungen er auf sich zu nehmen habe. Aber der Tauler hielt nicht viel von der Beichte und unterließ es. Allmählich war ihm aufgegangen, daß seine Zweifel eine ihm von Gott auferlegte Anfechtung wären, deren verborgenen Gehalt er bislang noch nicht ergründen konnte. Er versuchte, den Alten ein wenig in seine jetzt gewonnene Sicht einzubeziehen und ihn in dieser Aufnahme zugleich zu beruhigen. Aber dieser, dem schon in der Rechtfertigung das Eingeständnis einer Schuld oder doch einer Schwäche zu liegen schien, der auch gar nicht bereit war, ihm gedanklich zu folgen, herrschte ihn barsch an: »Ach was, bringe die Sache ins Reine, dann stimmt's.«

Der Tauler bewahrte mit Mühe seine Selbstbeherrschung: eine gezielte Bösartigkeit, so schien es ihm, die seine Notlage dazu benutzte, um ihn zu ducken, zumindest um auszuprobieren, wie weit sein Einfluß auf ihn noch reichte. Hatte er kein Gespür für die Unbarmherzigkeit, die in seinem Verhalten lag? Oder hielt er ihn für so einen, an dem man sich schadlos halten konnte, wenn man sich anderswo zu kurz gekommen glaubte? Er fühlte, wie ein alter Zorn in ihm aufstieg, sich bäumte, nicht losließ. Gewiß, er würde ihn nicht zur Rede stellen oder sich an ihm rächen. Aber das wünschte er ihm und das sollte sich bewahrheiten, daß er einmal in die Lage käme, selbst zu fühlen, wie ungebärdig er sich betragen hatte und sich seiner Beschuldigungen schämte. Ja, das wünschte er ihm! Der Tauler hielt inne. Soweit hatte er sich hinreißen lassen von seinem Zorn, den Alten zu verwünschen. Er schrak auf! Nein, tausendmal nein, soweit durfte es nicht kommen. Nicht in den Sog der Niederungen fallen. Er war mit allen Fasern bereit, ihn auszustoßen, vom Schrecken über ihn erfüllt, aber lauerte er nicht fort?

Eine skurrile Vorstellung durchrieselte ihn: Er wollte seinen Zorn Gott darbringen, die dunkle Lust darin zum Opfer bringen. Ja, das Opfer war stark genug, es hatte die Kraft, umzuwandeln. Es war ihm, als ob er in einem geistigen Raume eine Auffangbewegung vollzog, er oder eine Kraft, die in ihn einbrach, die die Erregung auffing und in eine neue Richtung umbog wie in eine Kehr. In die Richtung auf Gott hin. Er trug

Gott seinen Zorn zurück – seinen im Erschrecken vor sich selber aufgebrochenen, wie aus einer geheimnisvollen Knospenverfestigung hervorgebrochenen, urstarken, durchströmenden, durchglückenden, befreiten Auftrieb, der seine Niederungen abgestreift hatte wie eine Kindhaftigkeit, wie eine taube Mutwilligkeit. Das hatte er nicht gewußt, daß in den Niederungen wie in einer dumpfen Fesselung Gotteskräfte schlummern konnten und daß man sie Gott auftragen konnte, sie in ihn eingeisten[42], wie nur je ein großes Gefühl des Lobes oder Dankes. Das hätte ihm Gott auf keine andere Weise sagen können.

In der Folgezeit nahm er häufiger ähnliche Bewegungen in sich wahr: eine Erregung, die ihn bedrängte, durchstichelte, nicht losließ, forderte. Er merkte es zumeist daran, daß er bei seiner mitternächtlichen Versenkung nicht zur inneren Einkehr fand. Oft erst nach Tagen wurde ihm bewußt, daß die Spannung, die über ihm lag, bedeutungshaltig war.

Der Bruder Tauler hatte den Anschluß an seine Straßburger Zeit wiedergefunden. Die krisenhafte Erregung, die seit gestern über ihm lag, die letztlich wohl auch den langen Rückblick auf sein Leben heraufbeschworen hatte, die immer wieder seine mitternächtliche Stille verhinderte, wich zögernd einer Gespanntheit auf das, was Gott ihm damit sagen wollte. Aber unabhängig davon, ob es durchschaubar oder undurchschaubar wäre, nur darauf kam es an, daß er Gott untergründig darin erkannte und es ihm auftragen konnte. Vielleicht überstieg es seine Fassungskraft überhaupt. Er ließ das Geschehen noch einmal an sich vorüberziehen.

Er war mit einer Aufgabe betraut auswärts gewesen und auf dem Heimweg, als ihm der Bruder Hermann vom Dome[43] von der andern Richtung entgegenkam. Ob er sich anschließen dürfe, er habe ohnehin umkehren wollen. Noch außerhalb der Stadtmauern gingen sie auf dem schmalen Fußpfad, der den Weg zum Kloster verkürzte. »Habe mal wieder eine Predigt unsres hohen Meisters vor Weltleuten angehört. Erstaunlich immer wieder und könnte einen fast mit Neid erfüllen!«

»Was ist Dir so erstaunlich?«

»Wie man so eine große Hörerschaft in seinen Bann zieht mit einem Themenkreis, der fast wie in sich selber rollt, immer wieder neue Variation des gleichen Anliegens ist. – Wenn ich bedenke, welche Zeit und Mühe ich darauf verwende, um eine fesselnde Thematik für diesen oder jenen Kreis zustande zu bringen! Bei ihm sind alle Kreise: die hohen Herrschaften von der Rīcherzeche[44], die Bürger vom Gewerbe, die Meister aus den Bruderschaften, ihre Weberinnen – bis zu den wandernden Beginen, die schon halb aus der Bahn geworfen, von ihm noch einmal aufgefangen werden, ist alles da. Und haben ihren Platz vergessen, auf dem sie sitzen, und lauschen ihm entgegen. Fragte man sie, sagten sie wohl weiter nichts, als daß sie diese Seele werden möchten, von der er spricht. Und er? Er sieht sie gar nicht mehr in ihrer Menge und Zahl, weiß wohl nur, daß sie jeder eine Seele haben, die adlig ist und gottesfarbig, wie er es nennt.«

»Hast Du schon einmal bedacht, Hermann, daß der Mund aus der Fülle des Herzens redet? Wenn nun sein Herz allein die Frage füllte, wie Gottes Sohn in einer Seele geboren werden kann? Dann muß er davon reden. Spräche er über Fremdes, würde er zum Schwätzer.«

»Du übertreibst! Ganz abgesehen davon, ob er mit aller seiner Kunst noch richtig liegt. Das ist die andre Frage, die mich in dem Zusammenhang erregt, mehr noch als seine Hörerschaft, und der ich auch mit Nachdruck nachgehe.«

»Wo läge er denn falsch?«

»In allem, was sein Hauptanliegen betrifft, z. B. ist der Begriff von Gott, den er uns übermittelt, noch trinitarisch? Wenn ja, was hat es mit der Gottheit auf sich, die er doch immer wieder von ihm unterscheidet? Was meint er mit dem Etwas in der Seele? Ist es nun gotthaft oder natürlich? Oder das innere Werk? Wie steht's mit einem, der es nicht in sich verspürt? Wie man sich auch bemüht, es alles aufzufassen in seinen Worten oder Schriften, man findet keine Klarheit, es entzieht sich einem immer wieder – genau so wie er selbst, wenn man ihn einmal stellen will.«

»Wenn man ihn stellen will?«

»Er ist gar nicht so sicher, wie Du vermutlich denkst! Sie sagen, er hätte einst eine große Anfechtung gehabt, daß wir nicht nur von Gnaden, daß wir auch von Natur gottförmig werden könnten. Und wie er sich dagegen auch gewehrt, sie habe ihn überfallen und nicht losgelassen, er habe sich lebend'gen Auges am Abgrund der Hölle gesehen. Und dann habe ihn Gott daraus erlöst und ihm die Sohngeburt als ewiges Ereignis eingegeben![45] – Will er uns in ähnliche Anfechtungen stürzen?«

»Da weißt Du mehr als ich.«

»Ich habe mich ziemlich eingehend über ihn informiert, wo ich etwas erfahren konnte – auch bei Abtrünnigen, die er gewinnen wollte.«

»Ich hörte oft, daß große Menschen die gräßlichsten Anfechtungen erdulden müssen, doch jetzt siehst Du den Wald vor Bäumen nicht. Er will die Überlieferungen mit Leben erfüllen. Gottes Pulsieren in der Welt aufdecken, statt über ihn zu disputieren. Darum bringt er es immer wieder in neuer Sicht und mag von daher zuweilen widersprüchlich erscheinen. Lebendig soll es sein und keine Formelsprache für Gelehrte.«

»Hast Du ihn lebendig aufgenommen?«

»Ich mühe mich darum!«

»Das mußt Du mir schon deutlicher erklären.«

»Es fing wohl damit an, daß ich ihn fürchtete.«

»Und wo hat's aufgehört?«

»Es hört niemals auf.«

»Ich meine, wo bist Du stehn geblieben bis jetzt?«

»Wohl da, daß ich versuche, wieder in ihn einzugeisten, was er mich durchleben ließ, jemals und jetzt vor allem, die Welt des Meisters, daß sie da ist, und ich an ihr teilhaben darf, daß Leben so groß ist! Nicht nur die große Erkenntnis, die mich durchzieht, viel größer oft, als ich es fassen kann, daß sie da ist und vielleicht auf mich wartet! Ich denke manchmal, daß wir vielleicht einmal alles als Gnade empfinden könnten, was er uns je durchleben ließ, besonders seit mir die Knospenhaftigkeit auch unsrer Niederungen aufgegangen ist.«

»Nun sage nur noch, daß Gott Dir Deine Sünden als Gnaden schenkte, dann reicht mir's.«

»Die Sünde in unsern Sünden ist unser Mangel an Gottbezogenheit darin!«[46]

»Verzeih, aber das ist mir zu hoch, da komme ich nicht mit! Das ist nur etwas für hohe Geister, für ganz hohe Geister, um nicht zu sagen für freie Geister, für Freigeister, mein Lieber, für . . . Begarden[47]! Begarden seid Ihr alle miteinander und auf dem Wege zur Ketzerei! – Sein hohes Amt nur schützt ihn vor Entdeckung. Ich mach es nicht mehr lange mit, dies Schattenspiel unter Euch. Ich weiß, was ich mir schuldig bin.«

»Du weißt nicht, was Du redest, Hermann. Vielleicht hast Du Dich übernommen beim Studium. Du bist verstört, ich kann nicht glauben, daß es Dein Ernst ist, was Du sprichst.«

»Mir ist, als träte ich in seinen Schatten, wenn ich mit ihm spreche, was ich ihn frage, wird gegenstandslos, ich kann ihm nicht mehr folgen, ich sage entweder ja, ja, obgleich ich nichts verstanden habe, oder ich verbeiße mich in einen Trotz.«

»Das ist doch eine gute Selbsterkenntnis. Wenn Du sie einmal zum Anlaß nähmst, mit ihm zu reden darüber, er hätte seine Freude an der Offenheit.«

»Damit er mich auch zum Begarden macht wie Euch!«

Was den Tauler nicht loslassen wollte, war nicht nur die eigene Beschimpfung, so schwer sie auch wog. Es war vielmehr der Schlag gegen den Meister, der ihn statt seiner getroffen hatte. Ein Stückchen seines irdischen Schicksals ging ihm auf, und er geriet durch die gemeinsame Beschuldigung in eine eigenartige Teilhabe dazu – in eine Fügung, die ihn miterleidend froh machte. Schwerhaltig werden wie die Mitternacht, dachte er, um mitleiden zu können das Schicksal der Söhne Gottes! War dies das Leid für Gott, von dem er oftmals sprach? Gewiß beschränkte es sich nicht nur auf die Anwürfe der groben Menschen, wie er sie nannte, die mit natürlichem Verstand verstehen wollten, was Heilgen Geistes Gabe war. Wie klein mochten sie sein neben der Ureinsamkeit erleidenden, sich nichtigenden Entwerdens vor Gott! Jagdhunden gleich, die auf den Abstieg lauerten. Der Weg des Hirsches blitzte vor ihm auf, als er den Hund mit einer Kehr am Baume abgeschlagen, geringen Vorsprungs und ungewiß des Ausgangs dem Unwegsamen entgegenlief. Die Kehr am Opferbaume, dachte er, wo man sich nichtend es Gott darbringt, es in ihn eingeistet. Er wußte nicht, ob auch sein Weg zur Quelle führte im Felsgestein, er wagte nicht einmal, es zu wünschen. Es wäre Frevel, bevor Gott ihn rief.

Wie eine Kehr erreichte ihn die Einkehr, entwirklichte, was war und kommen mochte, war unerschütterlich nur da.

4 NACHFOLGE CHRISTI

»Wo wollt Ihr denn noch hin, Hermann und Wilhelm?«[48]

»Wir haben einen Auftrag auszuführen, Magister.«

»Jetzt am Abend?«

»Der hohe Herr, der uns zu sich gebeten hat, hatte tagsüber keine Zeit.«

»Und um was geht es?«

»Es geht ums Seelenheil eines Menschen, der, ohne es zu wissen, Ketzerei betreibt und andere in der Sünde nach sich zieht.«

»Ihr wißt, wie Ihr es halten sollt: den Ketzer nicht belehren, sondern liebvoll lehren, so daß er es versteht, und auf das eingehn, was ihn bewegt.«

»Darauf habt Ihr uns oftmals hingewiesen.«

»So geht, und wenn Ihr Euch verspätet, sagt dem Bruder Pförtner, Ihr habt Dispens von mir.«

»Wir danken Euch!«

»Was soll das heißen, Hermann, was küßt Du mir die Hand?«

»Oh – eine etwas impulsive Dankbezeugung! Vielleicht war ich auch in Gedanken schon wo anders. Verzeiht, ich wollt Euch nicht erschrecken.«

»Hast Du die Dokumente, Hermann?«

»Hier unter meiner Kutte, wohl verwahrt.«

»In voller Zahl?«

»An neunundvierzig Stellen sind's aus seinen Predigten und Schriften im Auszug abgeschrieben und erklärt, die ohne großen Scharfsinn ihn als Ketzer entlarven.«

»Sahst Du, wie er erbleichte, als Du die Hand ihm küßtest?«

»Ich sah's.«

»Doch gleich hatte er sich wieder in der Gewalt und sah durch uns hindurch, als wären wir nicht da.«

»Das ist doch seine Lehre, daß alle Dinge, die uns begegnen, nur Fingerzeige Gottes sind.«

»Ob er die Gabe der Voraussicht wohl auch besitzt?«

»Mag sein, doch das ist seine Sache. Hier geht es darum, die Ketzerei zu unterbinden.«

»Unheimlich ist der Weg durch das nächtliche Köln, Bruder! Der Mond am schwarzen Himmel durchschaudert mich, als säh ich sein Gesicht noch von vorhin, so ohne Blick für's einzelne. Laß uns noch einen kleinen Umweg machen.«

»Hat er Dich auch schon eingefangen, Wilhelm? Und prahltest doch, Du wolltest dem Kloster entfliehn und Dich zum Heer des Königs Ludwig des Bayern[49] melden, wenn es Dir gänzlich unerträglich bei uns würde.«

»Das sagt ich wohl, doch blieb ich im Entschlusse gern noch frei.«

»Wenn Du nicht willst, so tritt zurück. Noch hast Du nichts beschworen. Ich finde andre Zeugen für Dich.«

»Doch nicht im Kloster!«

»Wenn nicht im Kloster, dann eben anderswo.«

»Liegt Dir die reine Lehre denn so am Herzen, Hermann?«

»Ich war in unsrer Klosterschule der beste Kopf und wurde für das Studium generale nominiert. Was gab's für eine Disputatio bei uns. Immer war ich vornean und hatte Freude am Wort und am Begriff. Wann bin ich hier zu Wort gekommen? Ließ ich mal vernehmen, legte das Für und Wider dar, umkreiste den Begriff, schloß mit logischem Beweise ab, erläuterte, was wir begreifen können mit den Sinnen, was der Verstand uns lehrt, so wurd ich hingewiesen auf das Eine, das jenseits der Begreifung steht, das ich erwarten soll! Niemand hatte Genuß an der Klarheit der Gedanken und dem Ergebnis, das ich brachte. Sie alle mühen sich in der Gelassenheit und warten auf die Sohngeburt in ihrer Seele – wie er es nennt – und ihre Demut würgt mich ab, verfolgt mich Tag und Nacht, ist ein verkappter Hochmut, wie ich meine, ein Hochmut, den man schwer erfassen kann. – Wenn er die Anklage hat, der Meister, wird er in Demut und Gelassenheit sein Amt dem Orden zur Verfügung stellen. So schätze ich ihn. Man wird sich dessen, der die Ketzerei entdeckte, erinnern und ihn fördern. Hab ich erst Macht, dürft's auch für Dich viel leichter sein, ganz gleich, ob Du im Orden bleibst oder zu entkommen suchst.«

»Sind wir beim Erzbischof, beim Virneburg[50], gemeldet?«

»Sein Kommissar in Ketzerfragen, der Domherr Reiner, erwartet uns im Kapitelhaus.«

»Und ist uns wohlgesinnt?«

»Er wollte es zuerst nicht glauben, daß der vielgerühmte Meister des Ordens, der mit dem Ketzerkampf beauftragt ist, nun selbst der Ketzerei bezichtigt würde und aus den Reihen seiner eignen Brüder. Doch meine Argumente leuchteten ihm ein, und er verlangt nur noch Bestätigung und Zeugen. Auch kam ich ihm wohl nicht ganz ungelegen. Er äußerte, daß ein gewisser Verdacht bereits bestände, weil mehrfach Ketzer sich im Verhör auf ihn bezogen hätten. Wenn's nun auch nahe lag, daß diese Ungelehrten ihn falsch verstanden, jetzt, wo direkte Anzeige erstattet sei, habe er das Recht, der Sache auf den Grund zu gehn. – Im übrigen verstanden wir uns gut auch im Privatgespräch. Ich kenne den Respekt, den ich ihm schuldig bin, seit meinen Kindertagen. Mein Vater betrieb die Bäckerei am Dom und war der Lieferant der hohen Herren. Er erinnerte sich meines Vaters noch genau. – Doch wir sind kurz vor dem Kapitelhaus. Der Domplatz, über den wir gingen, war Richtstatt, wie Du weißt, vor kaum drei Jahren. Mancher von denen, die man dort verbrannt, hat wirklich nicht viel anderes gesagt als er. – Dem Virneburg bedeuten sie Gefahr, die Ketzer. Sie ist für ihn kaum kleiner als die der Ratsherrn und der Bruderschaften, nur undurchschaubarer. Sie unterhöhlen seine Herrschaft von innen her. Der Virneburger steht fast allein im Reich. Er hat nur das geschlagne Habsburg auf seiner Seite und sonst den Papst. Doch diese Freunde hat er, und den Umstand auch müssen wir klug bedenken, Bruder!«

Als der Meister nach der gewohnten Arbeitstunde den Garten betrat, fand er sich im Lichtgespinst des Mondes. Glänzend und groß stand der Ureinsam-Vertraute im All. Seit langem war ihm der Mond mehr als ein Helligkeit spendendes Gestirn: ein

Wahrzeichen dafür, daß in der Natur die gleichen Gesetze walteten wie im Kosmos der Seele und ihre Wertmaßstäbe bestätigten.

Wenn er am hellsten leuchtete oder wenn er gerade aus dem Dunkel trat – in seinen äußersten Extremen – war er der Erde am fernsten! Aber der Sonne am nächsten und empfing seine Wirkkraft am stärksten aus ihr, seinem übergeordneten Gestirn. In seinen unvollständigen Phasen dagegen stand er der Erde nahe und seine Kraft schwächte sich ab. Am kräftigsten warf er das Meer aus bei den Gezeiten, wenn er der Erde am fernsten war und die Fluten an sich zog wie aus Fernekräften. Am mächtigsten folgten sie ihm dann, als hätten sie sich allzuweit aus dem Element des Flüssigen, dessen Herrscher er war, an das feste Gestade gewagt! Überstürzen sich, türmen sich auf zu hohen Wellenbergen ihm entgegen, überwanden ihren natürlichen Lauf zur Tiefe und klommen, vom Monde gezogen, zu Berge![51]

Auf seinen weiten Wanderungen als Klostervisitator hatte er es beobachtet an der Nordsee, wie ein immerwährendes Wundergeschehen, hatte sich davon berichten lassen von den Einheimischen und selbst nachgelesen, was darüber bekannt war.

Das Strömungswunder, das der Mond an den Fluten vollbrachte, war ein Gleichnis für das Walten der Allmachtskräfte, wenn sie die Seelenströmungen, die feinsten, vorgeschobensten Lebensregungen der Seele – ihre Verwandten im Tal – zu Berge riefen. Wenn diese, angerufen, die Bilder der Gedanken und der Phantasie, Erfahrungen der Sinne, Forderungen des Willens und was immer sie hielt, überspülten, zusammenfaßten in dem einen Ewigkeitstrieb und – überschlugen! Und dann? Zurückkehrten! Nicht mehr als eigene, die waren erstorben in dem anderen Element, als Einwohner der Gottheit und selber Söhne fortan, aus Fernekräften Nähe lebend und durchströmend! Aus Sohneskräften. So hatte es der vielgeliebte Paulus getan, und so hatte auch Er den Vater nur gelebt in sich. – Ob in Gezemaneh der Mond wohl schien? Aber wie, war nicht Gezemaneh immer – wie alle Herrenkräfte, die der Herr einst lebte in der Welt oder nach seinem Tode der Welt entsandte? In allem immer noch da: in ihrer Heilkraft, in ihrer Sühnekraft, in ihrer erlösenden Kraft, in ihrer Liebeskraft, in ihrer Erleidekraft, ewigkeitshaltig – immer da! Und wollten sich offenbaren, suchten Fühlungsgrund in der Seele, ewigkeitshaltigen, so daß da immer etwas flutete von ihnen zu ihr und von ihr zu ihnen, ein inneres Werk geschah! Fühlungsgrund in der Hohen Kraft Erkenntnis, der bild- und zeitenthobnen Wahrheitsschau! Fühlungsgrund in der Hohen Liebeskraft, der alliebenden und doch in allem nur das Ein erliebenden Entlassung aus sich selbst![52] – Waren sie nur in der Helle fühlbar? War nicht der Mond in seiner tiefsten Dunkelheit genau so sonnenträchtig wie im höchsten Glanz? Eins hatten sie gemeinsam, daß sie ihren Halbheiten, den erdnahen Phasen entwachsen waren, daß ihnen Dunkelheit und Helle die gleiche Sonnenkraft verlieh!

Als die Mitternachtsglocke läutete, betrat der Meister die Kirche. Seine Mitbrüder, soweit sie an der Messe teilnahmen, saßen schon auf ihren Plätzen. Kaum einer achtete des andern.

Soweit die Seelenvorgänge des Meisters bis an die Oberfläche der Gedanken drangen, murmelte er – unverstehbar leise – einige Worte vor sich hin: »Der Du den Sohn in mir gebarst, ohn' Ende lob' ich Dich! Willst Du ihn jetzt auch in mir sterben lassen? Du sandtest mir das Zeichen, unsichtbarer Freund! Es war der Judaskuß, den er mir gab.«

5 DIE VORAHNUNG

Der Bruder Heinrich Seuse schritt in seiner Zelle auf und ab. Er war vor kurzem nach Konstanz in sein Heimatkloster zurückgekehrt und nach dem Studium zum Lektor ernannt worden, hatte die Vorbereitungen für den Unterricht des nächsten Tages beendet und ließ nun seine Gedanken wie jeden Abend nach Köln zurückwandern.

Der Meister war ihm Heimat geworden. Warum eigentlich, dachte er? Weil er seit Verlassen seines Elternhauses nie eine Heimat gehabt hatte? Das heiß ersehnte Kloster war ihm mehr Hölle als Heimat gewesen, bevor er nach Köln zog. Das mochte mitbestimmend sein, aber seine Heimat bei dem Meister war mehr. Sein kurzes Elternhaus hatte ihm nie diese Verbindung von Wärme und Sicherheit gegeben, die er bei ihm erfuhr. Der Gegensatz zwischen dem herrischen Vater und der überzärtlichen Mutter hatte das verhindert. Nun war ihm eine neue Gemeinschaft zuteil geworden. Sie bestand nicht mehr in einer Blutsbindung, aber auch nicht in einer Gehorsamsleistung oder gar einer Wohltätigkeit, die ihm widerfahren war. Der Meister hatte ihn aufgenommen, als hätte er von je zu seiner Welt gehört, ja, als beglücke es ihn selbst, sie ihm weiterzugeben, so wie man seinem Sohn sein Geisteserbe anvertraut. Diese Beglükkung, die von ihm ausging, war die ureinfache Verbindung. Sie beruhte nur darauf, daß der Meister da war, daß es Menschen wie diesen gab, daß er jetzt und für ihn da war. Was immer ihm geschehen mochte, Gott hatte es ihm im voraus vergolten.

Er dachte an das Abschiedsmahl von Köln zurück am Abend vor dem Aufbruch, wo sie am runden Tisch mit ihm beisammen saßen bei einer Kerze Schein und schweigend aßen. Der Vorleser war abgesagt und einer ihre Brüder, Hermann vom Dome, hatte sich entschuldigt. Nach dem Gebot des Ordens sah niemand auf. Ein jeder nahm, was gerade vor ihm stand, vom Huhn, vom Kraut, vom Brot oder vom Wein und reichte es dem andern. – Die Fülle seines Herzens lag über ihnen und überformte ihre Stille.

Ein Kindheitstraum trat ihm in die Erinnerung, bei dem er sich am Tisch des Herrn gesehen hatte. Mitten unter den Jüngern! Nicht nur den Zwölfen, unter all den Ersten und den Letzten, die noch dazugekommen waren. Nun war ihm diese Tafelrunde mit dem Meister wie eine zeitlose Verlängerung des Traumes. Das Abschiedsmahl, das immer eine und auf ewige Räume ausgedehnte Abendmahl, an dem er stellvertretend für den Herrn saß.

Bevor er sich zur Ruhe legte, öffnete er das Fenster. Die kalte, klare Herbstluft tat ihm gut. Der Mond erhellte den Klosterhof unter ihm, den anschließenden Garten und schimmerte weit und schmal auf dem dunklen Bodensee. Die Bäume bogen sich gelassen im Wind. Sie können selbst nicht reden, dachte er, und wenn man sie vernimmt, lautete etwas Fremdes in ihnen und gibt ihnen die Melodie. – Ein Wohlgefühl durchströmte ihn: Ihr Ätherwellen, die ihn mich durchzieht, vergebt mir, daß ich Euch nichts als meinen schwachen Leib darbieten kann, Gestalt in mir zu werden. Seid Ihr verwandt der Kreatur, die auf Erlösung wartet im Menschen?

Ein Windstoß warf das Fenster zu. Der Bruder öffnete es und sah erschrocken auf den Hof, ob etwas angerichtet wäre. Nichts von Bedeutung! Ein paar Schiefern klapperten und dort, was war das? Da wirbelte ein Tuch, ein Fußlappen, so schien es, in der Luft, hielt sich ein Weilchen, stand in der Luft wie ein Gespenst, wurde wieder zu Boden geschleudert und trieb erneut in die Höhe. Sofort sprang der Klosterhund herzu, ergriff es und balgte sich damit, biß sich fest, gab es wieder frei, jagte ihm nach, sprang empor und duckte sich, biß sich knurrend und fletschend von Neuem fest und zerrte es, bis es in Stücke zerrissen war.[53]

Atemlos, wie unter die Spannung eines bösen Schauspiels gestellt, war der Bruder dem Vorgang gefolgt. Wie von einer plötzlichen, noch gänzlich ungreifbaren Gewißheit durchzuckt, überkam ihn die Vorstellung, daß das Geschehnis auf ihn selber zukam, daß man wie dieses Tuch alsbald sein Herz zerreißen würde. Eine Dunkelheit, schwer wie ein Weltgeschehen, legte sich auf seine Schultern – gestaltlose Gestaltung, die von ihm Gestalt verlangte!

War es das Schicksal des Meisters, das auf ihn zukam? Hatte sein Opfergang, der oft erwartete, begonnen? Er wußte, daß er ihn nicht verleugnen würde. Mit zitterndem Mut entrückte er der Frage nach sich selber und ergab sich der Ungewißheit des andrängenden Erleidens, das auf ihn zukam, wie der Last von etwas Herrlichem und wußte, daß er auf Erden auch keine andre Wahl mehr hatte.

6 MEDITATION AM FEUER

Flamme: »Warum erschrickst du, Nonne, vor den brennenden Scheiten? Wie oft schon hast du das Feuer geschürt im breiten Ofen des Refektoriums! Kauertest davor und sahst dem Spiel der Flammen zu, wenn draußen die Schneeflocken tanzten! Nun, mit einem Male durchschaust du es als ein Symbol des Lebens, so wie es der Meister beschreibt[54]: als Erscheinungsbild einer menschlichen Not, die deine Not ist, und weißt, daß es nicht Spiel ist, was sich da begibt, sondern Vernichtung. Nun, da du seiner Spur nachgingst und dich einsenktest in seine Worte, daß sie dir durchsichtig würden. Denn dein Weg, der dir zugedacht ist, ist kein sanfter Anstieg für bedächtige Füße, sondern er zeigt sich dir an wie ein Lichtschacht von oben her, der aus dunklem Gestrüpp erhellend emporlockt, ungeachtet seiner Steigung; wo man den Ballast der Verholzung abwerfen muß und die Haltepunkte der Verzweiflung am Haltlosen bestehn. Es ist dein Lichtweg, den er meint.

Du aber siehst ihn aus der Sicht des ächzenden, stöhnenden, sich krümmenden, Widerstand leistenden Holzes, das in dem urfremden Element des Feuers seine Vernichtung erlebt, denn seine Wärmeschwingung im Raum, seine letzte, tiefste Innenkraft, die ihm die Flamme entlockt, lebt aus der eignen Vernichtung.«

Anne: »Sieh die Scheite! Obenauf die neuen, jung noch und neugierig auf's Feuer, halten's für Spiel. Bis sie es spüren und aufschrein vor Schmerz. Die älteren unten, die ausgedörrten, der Säfte beraubt, der Qualen gewohnt, ohne Zutraun! Schnappen nach Luft und schüren mit jedem Atemzug nur neu die

Flamme. Die in der Form schon durchglühten – äußerlich noch wie Holz gestaltet und im Wesen schon Feuer! Wie der fleischgewordene Sohn! Und der litt am meisten, weil er für's Leiden der ganzen Welt empfänglich war. Und die, die nur noch Flamme sind und Wärme, wo alle Asch abfiel! – Stufen des Todes? Oder jedes ein neuer Tod? Mir schwindelt vor der Zahl der Tode, die ich noch zu sterben habe.«

Flamme: »Wärst du bereit, sie herzugeben, wenn man sie dir abnähme?«

Anne: »Wenn das Holz vom Feuer erfaßt und gerufen ist, kann es nicht mehr zurück! Es hat das Feuer schon in der Form des Schmerzes in sich.«

Flamme: »Immer bist du Brennstoff und Flamme zugleich, nur jeweils in anderer Lagerung. Auch jetzt noch, wo du die schweren Kohlen aufschaufelst wie einen Panzer über einen biegsamen Lichtleib und Qualm statt des Feuers ausgeht. Aber da, sieh, durchbricht ihn eine rote Zunge, sucht Angriffsfläche, züngelt empor, brennt sich ein und nährt sich von der Aushöhlung des Panzers.«

Anne: »Lange hat es gedauert, ehe ich sie als Panzer erkannte, Gefängnisse meiner selbst! Nicht nur die Klostermauern, die lebenslangen Bedrängnisse, auch die Forderungen darin, die überfordernd und unerfüllbar mich oft verfolgen Tag und Nacht oder die Bosheiten alle außer mir und in mir, oder die einsamen Ängste, daß ich meinen Lebensauftrag verfehle, bis daß ich sie erkannte als Panzer um einen Lichtleib, an der seelischen Dichte erkannte, mit der ich mich fesseln ließ von ihnen und urglücklich wußte: nicht daß ich so oder so entscheide, sondern durchlebend sie darbringe, wäre gefordert.«

Flamme: »Alles ist Panzer, was nicht Darbringung ist! Das Dargebrachte aber steigt auf mit der Flamme, wenn sie den Panzer zischend durchbricht und wohnt nun hoch oben unter dem Dach des aufgeschichteten Flammengebäudes, wie im obersten Stock eines Hauses in einem Raum ohne Außenwand, und wenn du hervortrittst, um Auschau zu halten, siehst du nur Tiefe. Das Kind an dir, das am Rande spielte, stürzt ab.«

Anne: »Sieh, wie sie nachzüngeln die Flammen! Nicht nur um die winzigen roten Buchten herum – mit langen Feuersträhnen durchziehn sie die Kohlenleiber obenauf; die schwarzen Gesellen liegen da wie gefangene Tiere mit Glutentränen in den Augen. Hör, wie es rumort in wütender, krachender, grollender, bissiger Gegenwehr, wenn die Flamme in immer neuen Ansätzen Besitz ergreift.«

Flamme: »Vielleicht sind die Leibesschmerzen die intensivsten und die unentrinnbarsten und wenn irgend, so mußt du dich stellen in ihnen, wenn sie dich überfallen bei Nacht, dich durchpfeifen, durchheulen, wie ein nahendes Ungewitter den Blitz herbeiziehn und nun zurückschlagen die Blitzesschläge, Spannungsschläge, der Schmerz aus dem Zündstoff des Blitzes! Wenn du dich stellen mußt bis zum Unerträglichen, bis du merkst, daß du dich immer noch stemmst dagegen, unwissend, und versuchst, auch dies Wehr zu opfern, und der geopferte Schmerz dich hinüberhebt! Mit einem Male weißt du, daß du bei weitem nicht ausreichst für das Geschehen, das sich an dir begibt, daß du nur in seinen Dienst treten kannst mit der ganzen Intensität der Darbringung. Bist dir nur noch vernehmbar als Einstrom in eine übermächtige Strömung, die im Rauschen der Stille dich durchpulst, sich offenbarend dich einbezieht in seine Schwingung als ein »ich bin«, als Ansatzpunkt für eine ewigkeitliche Richtung, die unausweichbar vor dir liegt. Aber dein ist auch die kaum vernehmbare bangende Frage, ob du dir nicht etwas auferlegst, das du niemals durchhalten kannst: ein simpler Mensch mit

der Gefahr des Absturzes ständig an deiner Seite, mit deiner Trägheit, mit den Mechanismen deiner Glücksvorstellungen, die deine Phantasie befallen, mit deiner Angst vor Überforderung, mit deiner Empfindlichkeit gegen die, die dich nutzen wollen. – Du weißt sie alle und bist doch bereit. Deine Basis ist nichts als ein Jetzt und das Gelöbnis deiner gefalteten Hände.
Sieh, so geht auch hier durch die untersten Scheite eine reine glutende Bewegung, wie eine Feueratmung. Sie sind gar nicht mehr Holz, sondern Wärmestrahlung, Potenz des Feuers in der Form des Holzes.«

Anne: »Aber ihr, aus dem Schmerz entbundene sphärenartige Strömungen flutender Stille, kann ich euch aussenden? Oder ist's nur ein liebendes Bild, das mir vorschwebt, als erreichtet ihr die Dahingeschiedenen; mehr noch, als dürfte ich ausleben für sie ihr lebend nicht mehr bewältigtes Lebensleid, und sie wiederum ständen im Dienst meiner ewigen Heilung, und beides wäre das gleiche?«

Flamme: »Wenn du sie untergründig spürst, so nimm es hin, ohne zu fragen.«

Anne: »Heilige Sterbekräfte der Nacht! Herrenkräfte! Überformend geopferten Schmerz in ihrer allüberwaltenden Strömung! Darf ich euch aussenden auch zu Lebenden? Könntet ihr labend erreichen Totgeschwiegene hinter Mauern, dem Geistestode Ausgelieferte, der Menschheit entzogene Menschgewordene – und andere, deren Not mich fordert?«

Flamme: »Wenn du sie untergründig meinst, so sende sie aus, ohne zu fragen!«

Anne: »Und die letzte Phase des Holzes, die ununterschiedene, die verwandelte Darbringung?«

Flamme: »War es nicht Nähestrom des verwandelten Daseins, den du empfingst, als sie vor dir lag, die vom Tode Umfangene, und ihre Liebe mit dem leisen Leben des Todes verschmolz? Du aber hattest nichts als deine Schuld an ihr. Wie sie sie aufhob und emportrug und für sie einstand. Unter der gewandelten Schuld gingest du frei wie unter den Seligen und der Gesang der Toten brach in dir auf; der Lobgesang lautloser Tiefe.

Oder von ihr deiner Geistesschwester, als sie das dunkle, unendlich bedrückende, schwere Geständnis dir abnahm, sich selber entschleiernd in überlegener Demut, mit liebendem Gespür dich löste? Du aber schrittest frei wie erdenthoben. Später erst wußtest du, daß es das Flimmern der Ewigkeit war, das über der Stunde lag.

Oder die Frühverlorene deiner Kinderzeit, ist sie dir Nähe geblieben nicht lebenslang?«

Anne: »Hinter deiner aufzüngelnden Spitze, Flamme, erscheinen mir zwei Augen, weltweit und gegenwärtig, nähestrahlend, als bediente Gott sich ihrer. Ist ihre Strahlkraft auch Zeichen des Todes, der schon auf ihm liegt?«

Flamme: »Schritt er nicht stets auf dem Schmalgrat zwischen Leben und Tod? Wo man die Flora auf beiden Seiten erschaut? Wo es nur eines leisen Windes bedarf, um den Blütenstaub der einen auf die andere Seite zu wehen und Frucht zu bilden aus beiden? Was Leben, was Tod? Phasen desselben Geschehens, wie der eine Mond leuchtet und dunkelt als gleichem Gestirn! – –

Willst du mitschöpfen am Werke der Gottheit, wie er in Sterben und Auferstehn? Immer sind es nur wenige, die sich ihr übereignen! Nicht daß du winzig bist, nicht daß du sündig bist, nicht daß du zagst, nur ob du willst, ist entscheidend, ob du den Mut hast zur Ewigkeit.«

Anne: »Ein schmaler Pfad im Schnee, aus meinen Fußstapfen gebildet. Die Sicht verhüllt. Ich setze meinen Fuß, ihn zu betreten, mutig, doch wie in Anmaßung. Man kann ihn gar nicht von alleine finden. Man kann ihn nur als ein Geführter gehn.«

7 DER INQUISITOR

So oft der Kölner Domherr, Magister Reiner von Friesland, über seinen jüngsten Traum nachdachte – und er war bedeutsam genug, ihn zu durchdenken – kam er zu den gleichen Ergebnissen: 1. Der vor kurzem eingeleitete Ketzerprozeß würde in noch viel höherem Maße als bereits vorausgesehen seine Kräfte beanspruchen und zwar nicht nur seine darauf konzentrierten Gedanken, sondern sein gesamtes geistiges Vermögen, einschließlich der Abwehrkräfte. 2. Es gab im Bereich des natürlichen Lebens tatsächlich eine Symbolsprache. Die Sprache des Traumes war z. B. eine solche oder konnte es sein.

Nur symbolisch nämlich schien es ihm allenfalls faßbar, was sich da zugetragen, daß er sich gleichsam selbst gegenübergetreten war mit seinen geheimsten Regungen, nun aber nicht so, wie sie wirklich waren, sondern wie eine im Verlaufe des ersten Verhörs kurz aufgeflammte Haßliebe zu seinem Gegner sie dunkelsinnig übersteigert hatte.

Bis zur Anerkennung des Symbolgehalts war er bereit, die Geschehnisse des Traumes zuzulassen. Weitere Folgerungen daraus zu ziehen – etwa die, daß da vielleicht eine Zukunftsvision vor ihm aufgestiegen war – lehnte er ab. Er wollte nicht gegen seinen eigenen Traummenschen zu Gericht zu sitzen haben.

Aus den beiden Erkenntnissen ergab sich für Punkt 2: Die scholastische Methode der Symboldeutung der heiligen Überlieferungen bestand zu Recht – gewiß eine allen Theologen geläufige Wahrheit – von ihm im Geheimen bislang jedoch nicht recht ernst genommen. Er hatte also, falls der Meister sie in der Folgezeit anwandte, mit Sorgfalt darauf einzugehen. Zu Punkt 1: Die Untersuchung konnte nur in der Form des schriftlichen Verhörs fortgesetzt werden.

Mit allem hatte er gerechnet, nur nicht mit einer Unsicherheit bei sich selbst. Nun, da dieses Faktum sich als Möglichkeit abzeichnete – sei es auch nur in der Spiegelung eines Traumes – war es zu berücksichtigen. Er hatte dies Form der Vernehmung bisher noch nicht angewandt. Seine Angeklagten waren persönlich vor seinem Tribunal erschienen, falls sie es nicht vorgezogen hatten, sich zu verbergen oder außer Landes zu gehen. Er hatte die Führung einer Verhandlung nie auch nur einen Augenblick lang verloren. Gut vorbereitet, selbstbewußt, beherrscht, von kühlster – weichen Naturen gegenüber oft einschüchternder – Sachlichkeit, hatte er den Verlauf vom Beginn bis zum Ende bestimmt. Wo er Anzeichen für Geständnis und Widerruf fand, hatte er den gütigen, ja, väterlichen Zuspruch nicht verschmäht, schon aus einer natürlichen Freude an der Kunst der Menschenführung heraus. Das vorgeschriebene Strafmaß allerdings konnte er nicht mindern und auch den lebenslangen Makel, der dem ehemaligen Ketzer anhaftete, nicht auslöschen. Jedoch der Angeklagte behielt sein Leben und entging der Folter.

Ein einziges Mal hatte er mit ähnlicher Unruhe einem Prozeß entgegengesehen, als vor vier Jahren etwa der berühmte oder berüchtigte Ketzerführer Walter von Holland[55], das Haupt von 80 Gemeinden der »Brüder des freien Geistes«, auf dem Kölner Territorium ergriffen und ihm zugeführt worden war. Walter wäre von theologischer Bildung mit vermutlich abwegigen aber sicheren, selbsterarbeiteten Grundsätzen und rednerischer Gewandtheit, hatte er erfahren. Er hatte sich daher für die Verhandlung wohl präpariert. Hatte die Clementinen, die Richtlinien des Papstes Clemens V., noch einmal eingesehen und dann selbst alle Grenzfragen, in denen sich die verschiedenen Ketzervorstellungen von der Kirchenlehre unterschieden, genau durchdacht. Die »freien Geister« schienen wenig eigenständig. Es kamen für sie vor allem die Irrlehren des Amalrich von Bena, bzw. seiner Anhänger, der Amalrikaner, und die der Ketzer vom Ries in Betracht. Mit den Irrtümern des Amalrich hatte er sich während seines Studiums in Paris beschäftigt. Über die Ketzer vom Schwäbischen Ries besaß er das ausgezeichnete Gutachten Alberts des Großen, dieses unendbehrliche Dokument, das trotz seines Alters noch immer nicht veraltet war. Es legte klar und sachlich die anrüchigsten Lehren dieser Sekte dar und untersuchte sie auf Herkunft und Gehalt. Man hatte diese Lehren zu Alberts Zeiten vergeblich bekämpft. Sie feierten fröhliche Auferstehung jetzt bei den freien Geistern.[56] Die mit Spannung erwartete Gegenüberstellung war dann fast eine Enttäuschung für ihn gewesen. Walter, so schien es ihm, hatte wohl Fähigkeiten, die zur Führung einer Sekte ausreichten, aber kein wissenschaftliches Niveau. Im übrigen hüllte er sich bald in die Gloriole des Schweigens, wie man das häufig bei Ketzern fand, gab sich den Anschein eines Märtyrers und erhob keinerlei Einwand gegen seine Verurteilung.

Was nun das Gutachten Alberts des Großen betraf, so lag der Fall hier komplizierter als damals, denn selbst bei Übereinstimmung mit den dort aufgezeichneten Irrtümern war zu fragen, ob sie der Meister für sich selbst bejahte oder nur aufgegriffen hatte, um sie zu widerlegen oder auf ihren Wahrheitsgehalt zurückzuführen. Auf seine Meinung darüber kam es an. Amalrikaner schien er ihm nicht zu sein, ob Freigeistler, war zu ergründen. Wenn Ketzerkreise ihn für sich in Anspruch nahmen, besagte das noch nichts. Sie konnten zumeist die Grenzen gar nicht unterscheiden. Er kreiste im allgemeinen um die derzeit christlichen Probleme. Das hatte die erste Durchsicht des Materials erkennen lassen. Nur eben: er übersprang die Grenzen, die einem christlichen Denker gesetzt sind. Und dann war ganz eindringlich zu untersuchen, wie weit er dem lateinischen Kommentator des Aristoteles, dem arabischen Sufisten Averroës[57], und seinem Pantheismus verfallen war. Auch war nicht ausgeschlossen, daß sich im Verlaufe des Prozesses weitere Anklagepunkte fanden, die er jetzt noch nicht übersah. Dergleichen diffizile Fragen würden jeweils langwierige Vorbereitungen erfordern, denen die Form des Verhörs anzupassen war.

Das schriftliche Verfahren näherte sich in gewisser Weise der Praxis innertheologischer Streitfälle an. Da wieder lag auch die Gefahr des Unternehmens, denn innertheologische Streite wurden von einer Theologenkommission entschieden, die dazu einberufen wurde, etwa an der Sorbonne oder am Päpstlichen Stuhl, aber nicht von zwei erzbischöflichen Kommissaren, und seine Kompetenz für den vorliegenden Fall, die ihm der Meister bestritt, geriet ins Wanken. Die Form des Verhörs durfte also nicht über den Sachverhalt hinwegtäuschen, daß seine Lehre Ketzereien vermuten ließ und nicht als eine Art Dialektik zu nehmen war. Wie dem auch sei, das schriftliche Verfahren mußte schon deshalb angewandt werden, weil der Meister persönlich vor seinem Tribunal gar nicht mehr erscheinen würde.

Streng genommen war er überhaupt niemals erschienen. Sein einziges Auftreten hier vor diesen Schranken war ein Protest gegen die Aufforderung dazu gewesen, die die Kommissare davon in Kenntnis setzen sollte, daß er an dem angesetzten Tage nicht kommen würde, eine Demonstration der Höflichkeit, um die Vorladung nicht einfach zu übergehen. In einer Form, wie man es der Würde des Ordens für angemessen hielt, nämlich begleitet von dem Prior des Klosters, Johannes von Greiffenstein, dem z. Zt. in Köln weilenden Lektor eines benachbarten Klosters, Otto von Schauenburg, seinem Sekretär, Konrad von Halberstadt, und einigen anderen Brüdern hatte er ihn im Kapitelhaus aufgesucht und nach zeremonieller Begrüßung ein Schriftstück von seinem Sekretär verlesen lassen. Es besagte etwa, daß der Vorgeladene keine Veranlassung sehe, vor seinem Tribunal zu erscheinen, da er als Dominikanermönch ausschließlich der Gerichtsbarkeit des Papstes unterstellt sei.[58] Was den Inhalt der Anklage selbst, die Anfechtung seiner Lehrmeinung beträfe, so sei darüber ohnehin verbindlich entschieden worden. Das Generalkapitel seines Ordens nämlich habe auf eine ähnliche Denunziation hin, wie sie jetzt an die Herren Kommissare herangetragen worden wäre, eine grundsätzliche Untersuchung gegen sie eingeleitet. Der vom Heiligen Vater selbst für diesen Auftrag bestätigte Vikar des Ordensgenerals, der hochwürdige Bruder Nikolaus von Straßburg, habe sie durchgeführt und seine Lehre für recht befunden.

Als die Herren nach Verlesung des Schriftstücks sich zum Aufbruch anschickten, hatte der Kommissar um einen Augenblick Geduld für den Fall etwaiger Rückfragen nach nochmaliger Durchsicht des Schreibens gebeten, die man ihm gewährte. Die kurze, vorsichtige Fühlungsnahme, die dann folgte, kam den Ordensleuten offensichtlich nicht ganz ungelegen. Sie benutzten sie jedenfalls dazu, um darauf hinzuweisen, daß die beiden Denunzianten, die leider ihrem eigenen Orden angehörten, die Brüder Hermann vom Dome und Wilhelm von Nidecke, vermutlich geglaubt hätten, durch diese Tat einer schweren Klosterstrafe zu entgehen, die wegen anderer Vergehen über sie verhängt sei. Die Beleuchtung des Vorfalles auch von dieser Seite her, sei vielleicht nicht ohne Wert. Sie bestätige noch einmal die ganze Haltlosigkeit einer solchen Anklage.

Der Domherr erwiderte, daß die moralische Beschaffenheit der beiden Zeugen ihm weniger bedeutsam erscheine als die Frage, ob ihr Material echt sei, d. h. ob die Thesen von ihnen richtig verstanden oder falsch gedeutet, vielleicht gar böswillig entstellt worden seien. Deshalb sei eine Stellungnahme des Meisters dazu in irgendeiner Form für ihn unerläßlich. Denn wenn sie auf Wahrheit beruhten, würde ihn kein Inquisitor, auch kein vom Papst bestätigter – der ja schließlich nicht der Papst selber sei – davon abbringen, daß hier ganz erhebliche Irrmeinungen vorlägen. Was sollte man z. B. von einer These halten, die besage, daß Gott in demselben Augenblick, in dem er da war, auch die Welt geschaffen habe. In der Bibel stünde eindeutig: »Im Anfang schuf Gott Himmel und Erde«, d. h. zu dem Zeitpunkt, an dem Moses mit seinem Bericht einsetzt, zu einem bestimmten, festgelegten Zeitpunkt also. Es sei ihm an einer Klarstellung dieser und ähnlicher Fragen begreiflicherweise sehr gelegen.

Hier hatte dann der Meister selbst das Wort ergriffen, unvorhergesehen und wie es schien, unter dem Gewissenszwang der Wahrheitsbereinigung. Mit Ehrfurcht gebietender Stimme, die vom Hörer eine volle Bereitschaft forderte und von daher das Gespräch in die abgeschirmte Stille einer geistigen Begegnung versetze, erklärte er, daß seine Lehre dem ersten Anschein nach oft fragwürdig, ja, ungeheuerlich erscheine. Er kenne diese Schwierigkeiten aus seiner Lehrpraxis. Wenn man die Dinge jedoch bis zur letzten Konsequenz durchdenke, könne man zu keinem anderen Ergebnis kommen.[59] Was den vorliegenden Fall der Welterschaffung beträfe, so sei dazu zu sagen, daß diese Lehre wahr sei. Es bestände sonst eine Diskrepanz zwischen dem Schöpfungsbericht des Moses und des heiligen Johannes. Die Fragen lösten sich aber wie von selbst, wenn man nicht auf halbem Wege stehen bleibe, wenn man die Geschehnisse nicht allein mit dem vordergründigen Erkenntnisvermögen aufnehme, sie nicht vermenschliche, wenn man begriffe und intensiv zu denken wage, daß es sich hier um göttliche Wahrheiten handele. Wer sich also mit dieser Frage befasse, müsse versuchen, die göttliche Wirklichkeit, d. h. die reine Ewigkeit zu denken, ohne die Vorstellungen des Hier und Einst hineinzutragen. Jede Zeitbestimmung, daß etwas dann und wann geschehen sei und jede Ortsbestimmung, daß etwas hier oder dort vor sich gehe, seien Konstruktionen des Verstandes, die in der Ewigkeit göttlichen Geschehens keine Orientierung darstellten. Man nähere sich der göttlichen Wirklichkeit nur in einer Atmosphäre des reinen, unvermischten Geistes. Der Geist aber sei stets in der Gegenwart, im Jetzt, im Anfang oder wie man es nennen wolle. Es könne der göttlichen Schöpfung daher kein Zeitmaß gesetzt werden – genau so wenig, wie sie jemals stille stehe, stets im Anfang sei, ihr Leben immer wieder neu nehme aus dem unveränderlichen Jetzt der Ewigkeit[60].

Der Domherr hatte sein anfängliches Unbehagen über die Art des Auftretens, daß ihn der Angeklagte recht eigentlich wie einen Schüler und nicht wie einen Zensor behandelte, fast gegen seine eigene Natur rasch von sich geschoben. In eine jähe Spannung versetzt, arbeitete sein Verstand die Gedanken des Meisters nach. Die Konsequenz dieses Denkens war unleugbar, sei sein Ergebnis nun ein christliches oder ein sufistisches. Noch mehr als die Wahrheit aber, die es aussprach, die er selbst vielleicht in Kürze als Unwahrheit entschleiern würde, war die Freiheit dieses Geistes, der er beneidend gefolgt war: eine Freiheit, die Ewigkeitsvorstellungen zum Maßstab nahm. Welch eine ungeahnte, gleisnerische Form der Versuchung! Dann sah er auf das Gesicht des Meisters und meinte, nie ein eindrucksvolleres Gesicht gesehn zu haben. Als hätte eine der Figuren in ihren Domen Leben angenommen und wäre nun ein Beiderseitiger. Er sah die Züge bis hin zum grauen Haarkranz über der Stirn und dann die Augen, die wie auf der Grenze beider Welten wohnten und diese Gefährdung kannten – Gefährdung nicht, weil er ins Ketzerische abzugleiten drohte, sondern weil er dem Ewigen nicht Genüge zu tun vermochte. Ein Geläuterter? Ein Demütiger? Einer, der um Aufnahme bat für seine geheiligte Wahrheit! Entkörpert fast! Nur noch ein Sohn der Wahrheit! Und doch ganz gegenwärtig! In der Intensität, mit der er den andern forderte, in der Freude an seiner Wahrheit bis in den Ausdruck hinein. Wie er die Worte aufgriff, wie er ihren Lautwert auskostete, als wären sie die letzten Schwingungen des ewigen Wortes im Raum.

Wie unter der Magie dieser Lauterkeit war dann für ihn ein Augenblick gekommen, wo der Verstand den Verstand schachmatt setzte, wo in einem unbeschwerten Denkakt er mit einem Male wußte, daß man das Undenkbare denken kann: den bewegenden Stillstand, die zeitlose, fernelose, unvergängliche Gegenwart des immerwährenden Anfangs.

Dies mußte der Augenblick gewesen sein, der dann im Traum seinen merkwürdigen Niederschlag fand. – Er war in Köln, aber es war nicht das gewohnte Köln, es war eine fremde Stadt. Nur die Kirchen erinnerten daran, daß er sich in seinem Heimatort befand. Alles sonst war verändert und so verworren, daß er es nicht überschauen konnte. Von den wenigen Eindrücken, die ihm blieben, war der eine der Gesichtsausdruck einer Menschengruppe, die auf ein Durchfahrtsrecht wartete, diese erbarmungslos-sekundenfiebernde, erstarrte Gespanntheit darin, verselbständigte Hast, lebenraffende Lebensleere! Wie der Schöpfung Entglittene muteten sie ihn an, aber vielleicht Entglittene, weil man sie auf die Schöpfung des Abmeßbaren festgelegt hatte? Oder war es gar so, daß man Geschöpf der Schöpfung Gottes nur sein konnte, wenn man die immerwährende Schöpfung in sich trug, zeitüberhoben in ihr wurzelte? Der andere Eindruck: er sah sich plötzlich selbst in einer eigenartigen Existenzvertauschung als einen der Ihren. Er war es, zweifellos, der blonde, etwas füllige Friese, der unter der Bürde seines Amtes litt – verstandesklar und einfühlsam, sicher und selbstsicher, klug und sich seiner Fähigkeiten bewußt. In einem gegen ihren Lebenslärm ein wenig abgeschirmten Raum war er in das Werk des Meisters vertieft, doch ohne Kritik daran zu üben, vielmehr um es zu retten. Es zog ihn an mit einem fremdartigen Reiz, dem er sich schlecht entziehen konnte. Ein Zufall oder ein Schicksalswink hatte es ihm zugespielt. Da lag es nun und forderte ihn. Er nahm es an, wehrte sich dagegen, ließ sich von ihm ergreifen, widersetze sich, wuchs unter ihm, ja, fürchtete in letzter Gewissenstiefe sogar, ihm nicht gerecht zu werden, weil er wußte, daß der Vorstoß in die Zeitlosigkeit, den der Meister forderte, für ihn doch immer nur ein Verstandesexperiment und keine Lebenshaltung sein konnte. Und da er unbestechlich nicht nur für andere, auch vor sich selber war, wußte er, daß er all seine Fähigkeiten: die Klarheit seines Verstandes, die Unbestechlichkeit des Urteils, die überlegene Exaktheit seiner Arbeitsweise, ja, selbst den Ansporn der Eitelkeit in einen unbekannten Dienst gestellt und eine Fremdheit ihn darin forderte.

Der Domherr hatte unter dem Eindruck seines Traumes zuerst überlegt, ob er nicht den Vorsitz des Prozesses abgeben und sich für befangen erklären müßte. Dann aber hatte er sich wiedergefunden. So lange er bei wachem Verstande davon überzeugt war, daß diese Lehre Ketzereien enthielt – und das war er – hatte er keine Veranlassung zurückzutreten. Im Gegenteil, er mußte sich in gewohnter Härte für die Beseitigung des Verdächtigen einsetzen. Sollte er im Verlauf der Verhandlung zu anderen Ergebnissen kommen, blieb es ihm vorbehalten, den Prozeß einzustellen oder – wenn das Ansehen des Erzbischofs dadurch geschädigt würde – die Führung an den zweiten Kommissar abzugeben. Bislang gedachte er vor keiner Schwierigkeit zu kapitulieren.

8 DIE DEKLARATION

Meister Eckhart: »Man könnte meinen, auch der Widersacher sei immer in einem Jetzt! Ich kann's nicht anders verstehn, Johannes. Mit einem Mal erkennst du seine Spur. Er tritt dir gegenüber im Hohlspiegel deiner vollendeten Verzerrung. – Du hattest etwas einspiegeln wollen in die Gemüter, das du nicht mehr ins Wort bekamst. Meintest, daß es sich noch zum Bilde runden würde in ihnen. Nun merkst du, daß deine Liebesleistung als Schandmal auftaucht, als Gottesschändung. Du fragst dich, ob du auch wirklich mit jeder Fiber der Seele, mit voller Herzenskraft, mit klarem lauterem Verstande dich eingesetzt für das, was dir befohlen wurde, und erkennst, du hast es nicht getan. Sei's auch nur, daß dein Hochflug dich hinterte. Du hast die Kindlichkeit ihre Gemüter nicht bedacht, die List in ihnen nicht, hast nicht verhüllt genug sie angesprochen oder nicht einfältig genug. Nicht so, daß sie's verstanden.

Johannes von Greiffenstein: »Ich habe es gleichfalls überdacht und bin zu dem Ergebnis gekommen, daß es bestimmte Ketzerkreise sind, Gegner des Virneburgers, die Deinen Zwist mit ihm für ihre Zwecke ausnutzen. So eine gräßliche Verstümmelung Deiner Worte wäre sonst nicht möglich. Sie zwängen Dich fast stärker noch als der Prozeß und geben ihm in ihrer Einfalt neue Nahrung. Es scheint mir nach den Überlegungen der letzten Nacht, als ob sich eine Doppelschlinge um Dich zusammenzieht, indem die beiden Gegier, der Erzbischof und seine Abtrünnigen, Dich je vom andern Ende eines Stranges zusammenziehn: er um Dich vor ihnen als Autorität auszuschalten, sie, um sich auf Deinen Namen zu berufen. Wie könnte ein anderer als sie verbreiten, Du hab'st gesagt, Dein kleiner Finger hat die Welt erschaffen.«

Eckhart: »Wann wurde Dir der neue Entwurf des Zensors übergeben?«

Johannes: »Schon gestern, Bruder Eckhart. Verzeih, wenn ich ihn Dir erst heute überreiche, ihn hin und her bedachte, bevor ich ihn Dir gab. Es war auch dieses Mal weniger eine Anfrage oder Antwort im Prozeßverfahren wie sonst. Nur eine Nachricht, und es schien mir fast, als wäre er froh, Dir eine solche Absurdität des Mißverständnisses aus Hörerkreisen bieten zu können und damit die Notwendigkeit seines Verfahrens zu rechtfertigen.«

Eckhart: »Da hast Du einen guten Blick getan. Wenn man die Dinge so sieht und die Zusammenhänge, was mir leicht möglich scheint, hat man schon wieder mehr Boden unter den Füßen. Ich seh' vor allem die Gefahr, in der mein Werk steht, ob sie nun von Ketzerkreisen oder andern ausgeht. Die Frage, Prior, lautet für mich, wie schütze ich mein Werk vor der Verzerrung? Wie kann ich es lebendig machen, ohne es zu veruntreuen! Es ist die Frage, die mich umlauerte jahrzehntelang, und nun mit einem Mal geballt mich anfällt.«

Johannes: »Veruntreuen sagst Du? Es ist nicht Schuld des Priesters, wenn sein Wort falsch ankommt. Wenn es aus seines Herzens Inbrunst kam, wahrhaftig war! – – – Du hast nur eines Menschen Möglichkeiten der Verkündung, Eckhart, auch Du nur.«

Eckhart: »Eines Menschen Möglichkeiten sind unerschöpflich, wie der Seele Grund.«

Johannes: »Du kannst es nur an sie herantragen, sonst nichts. Ein Priester ist wie ein Gestirn. Es hat nicht Antworter. Wie es sich auch verstrahlt: die einen bemerken's gar nicht, den andern ist's ein flücht'ger Lichtreflex, die dritten durchströmt es mit einem Wohlgefühl, als zög' es sie in seine Schwingung ein. Es ist auf seiner vorgeschriebnen Bahn für keinen von ihnen verantwortlich.«

Eckhart: »Antworter hat er nicht, der Stern. Doch wer ihn fragt, dem steht er Rede, tritt heraus aus seinem Sternenleib. Könnt' er's in Worte fassen, sagte er vielleicht: »Such über mich hinaus, suche die Lichtwelt, die dich selber trägt. Wie sich das Höhere dem Niederen mitteilt, strahlt unentwegt lebendig Licht in deine Seele ein und ist das Leben deiner Finsternis, auch wenn du's nicht begreifst! – Ich danke Dir, mein Freund, daß Du den Stern beschworst, dieses Symbol unwandelbarer Treue zu Gott, vibrierende Treuestrahlung, sternlichtende, wenn Du's gleich anders meintest. Wir dürfen niemals müde werden in unsrer dienenden Entäußerung, der treuen, fraglosen.«

Johannes: »Kannst Du mit dienendem Verzicht die überzeugen, die nie verzichtet haben?«

Eckhart: »Das nicht, doch mit der Herzkraft der Entäußerung sie ahnen lassen, daß es sie gibt. Ich will mich selber unterbreiten unter das Werk, vielleicht fang ich es auf, daß göttliches Geheimnis nicht Blasphemie wird.«

Johannes: »Ich sehe den Zusammenhang noch nicht! Es wird Dir unterstellt, Du hab'st in öffentlicher Predigt gelehrt erstens: es gibt ein Etwas in der Seele, das ungeschöpflich ist, zweitens:

Dein kleiner Finger hätte hätte alles erschaffen. Und nun wird angefragt, wie Du Dich dazu stellst? Ob Du's gelehrt zu haben bejahst oder verneinst. Meinst Du mit dienender Entäußerung, daß Du geduldig alle Fragen und Mißverständnisse der beiden Inquisitoren beantwortest wie bisher, ohne daß Du als Ordensgeistlicher und als Gelehrter dazu verpflichtet bist?«

Eckhart: »Was ich dem Inquisitor gegenüber praktiziert habe, reicht hier nicht aus. Auch war mein Anliegen da noch etwas anders beschaffen. Wenn ich bei der Befragung das angeblich Falsche und das von Hörern falsch Verstandene Punkt für Punkt aufgriff, das eine, das mir richtig schien, erläuterte, das andere oft dunkel nur Verstandene, als Lehrmeinung nicht mehr Vertretbare, berichtigte und seinen wahren Sinn herauszuschälen suchte, so tat ich's auch, um ihnen die Fassungskraft der Ungelehrten klar zu machen. Nicht um sie zu rechtfertigen. Ich wollte ihnen verständlich machen, wie sie beschaffen sind: daß sie sich vorwärts tasten auf einem dunklen Wege und daß man sie geduldig lehren muß, anstatt sie zu verklagen. Ich tat es, um den Befragern eine neue Sicht zu geben, sie herauszulocken aus dem verengten Sinn ihrer Worte, ihrer Erstarrung, ohne daß sie es merkten. Ja, es erschien mir oft, als ob der ganze unbegreifliche Prozeß an mir von daher Sinn erhielte. Wer ertrüge es ohne Erbarmen, wie sie mit denen, die sie Ketzer nennen, umgehn; die starren Fragen an sie, die diese Menschen kaum verstehn und selbst verstanden nicht widerlegen können, weil sie – wie Kinder – nicht Worte dafür haben und Begriffe, daß diese Kinder mit den we-

nigen wahren Widersachern Gottes zugleich geopfert werden, statt sie als Ungelehrte zu lehren, statt ihr Verlangen in die rechte Bahn zu lenken.
Was bei den heutigen Fragen den ersten Punkt betrifft, das Ungeschaffene, das Etwas in der Seele, so werde ich es ähnlich halten wie bisher. Die erste Frage erscheint mir ohnehin gestellt, ein Laie wird sie kaum aufwerfen. Wie dem auch sei, ich werde mich dazu stellen wie bisher, vielleicht in einer öffentlichen Predigt.«

Johannes: »Und wie willst Du erklärlich machen, was bisher unverstanden blieb?«

Eckhart: »Ich werde es noch einmal erläutern, das Etwas in der Seele, das doch kein Etwas der Seele ist, sonst wäre der natürliche Mensch Gott. Gott aber ist mein Zeuge, daß ich mich gegen nichts so wehrte, wenn unter uns im Kreise der Meister die Rede darauf kam, wie gegen diese plumpe Vorstellung. Noch einmal deuten will ich das Etwas, die Einstrahlung des Lichtes in die Finsternis, das Leben der Seele, das sie lebend weitergibt. Bis jetzt hat noch kein Weiser gefunden, was Leben ist. Wollte man es erklärlich machen, müßte man sagen: Es lebt in uns als Parasit, nur daß es unserer Seele Docht zu Licht verzehrt, wenn wir ihm Kerze sind, oder als Fremdkörper, nur daß es weder fremd noch körperhaft, weil es so bildlos, so immateriell, so unaussagbar ist, daß der Gedanke noch zu viel Materie wäre, es aufzufangen.«

Johannes: »Meinst Du, daß sie es dann verstehn?«

Eckhart: »Hat Er darauf gewartet, daß sie ihn verstehn? Mehr noch, hat Er Zeit seines Lebens nicht gewußt, daß sie ihn nicht verstehn?

Und hat sie doch gelehrt mit niemals müder Geduld. Ja, wußte er nicht, daß sie gar nicht verstehen konnten, weil es so neu war, was er verkündete, der eigenen Vorstellung so fern, als wenn da einer sagte, daß in der Nacht die Sonne scheint. So neu war seine Lehre, daß seines Vaters Reich nicht sichtbar, sondern innen ist. Und erst als sie der Wahrheit zugewachsen waren – durch seinen Tod gegangen – begriffen sie's. Das Wehn des Geist's ist Gottes Werk. Mir aber kommt es zu, getreu dem Vorbild, ungebrochen, mit immer wieder neu gewonnener Geduld vom Lebensstrom des Sohnes in uns Zeugnis zu geben.

Doch ich bin abgewichen vom Thema. Daß ich die erste Frage so oder ähnlich beantworte, war klar und trifft mich nicht. Ich bin gewohnt, dafür zu kämpfen. Was mich erschütterte, war die zweite. Daß wußte ich nicht bis heute, daß mein Werk – bis zur Unkenntlichkeit verzerrt – den Gottesleugnern noch Nahrung gibt. Wenn einer sagt, mein kleiner Finger hat die Welt erschaffen oder das aus meinen Worten herausliest, dann hat er von dem Mitwirken des Sohnes im Herzen des Vaters nicht nur nichts verstanden – das wäre verzeihlich – dann hat er ein dummdreistes Geschwätz daraus gemacht, fast zu geschmacklos, um darauf einzugehn, wenn es nicht so gefährlich wäre. So ist es denn erforderlich, daß ich Stellung beziehe, wer ich bin. Es fragt sich nur, in welcher Form. Einmal natürlich, indem ich erkläre, daß dies nicht meine Lehre ist, sondern ihre Umkehrung. Ich könnte es durch meine Haltung unterstreichen, indem ich mich zu dem bekenne, der ich bin: ein

Mensch in seiner Unzulänglichkeit, in seiner Möglichkeit zu irren oder das rechte Wort zu verfehlen. Es wäre die Gegenhaltung zu dem Prahlhans, den sie mir unterstellen. Sieh, das ist es doch, daß sie nicht unterscheiden können zwischen dem Heinrich oder Konrad[61], der sie sind, und dem Wirken des Sohnes in ihnen. Daß sie mit drallen Sinnen an etwas herangehn, das das Geheimnis höchster Demut ist, und glauben, sie selber wären der Sohn. Sie sind die Finsternis, in die das Licht des Sohnes scheint, sonst nichts. Wenn sie den Schein empfangen, dann sind sie nicht mehr Heinrich oder Konrad, dann sind sie sein Brennpunkt. – Eine öffentliche Erklärung wäre noch nachhaltiger als eine Predigt.«

Johannes: »Ich weiß nicht, ob das klug wäre, Bruder Eckhart? Die Dir verwandt sind, verstehen Dich, die andern wollen oder können Dich nicht verstehn.«

Eckhart: Klug oder nicht klug ist hier nicht der Maßstab, sondern daß ich mich stelle und dieser Widerwärtigkeit nicht ausweiche. Es kommt da nicht auf mich an oder auf meinen Ruf, sondern auf das Werk. Ich möchte mich ihm unterbreiten, es reinigen von allen Schlakken, die ihm noch angehören mögen.«

Johannes: »Von welchen Schlacken etwa?«

Eckhart: »Ich denke manchmal, es ist zu viel von meiner Freude noch am Wort darin, die oftmals in sich selber spielt.«

Johannes: »Sie fließt Dir zu aus Deinem Pfund, mit dem Du Wucher treiben sollst.«

Eckhart: »Und doch ist es in einen Teufelskreis geraten.«

Johannes: »Was Du vermittelst, Freund, ist doch im Wesentlichen eine Spannkraft. Das Wort ist nur die Hülle. Sie ist es, die begeistert und die gefährlich ist zugleich. Du ziehst in Deines Geistes Heimstatt, was immer im Geiste zu Hause ist, auch wenn Du über ihre Köpfe weit hinaussprichst. Gefährlich ist es nur, weil es jeder ins Kräftespiel der eignen Seele aufnimmt, in dem er lebt: in hohe, in einfältige, in verzerrte Kräfte. So wie dem einen ein kleines Erlebnis in höchsten Kräften ein göttliches Geschenk wird, dem andern alle Wahrheit der Welt in groben Sinnen Blasphemie.«

Eckhart: »Gewiß, doch war's mein Uranliegen, sie in den Adel ihrer Seelen aufzuziehn, die höchsten Kräfte – weltenfern erscheinend – erlebend nah zu rücken, sei's auch nur für die Stunde der Predigt. So muß denn die Gefahr, in die mein Werk geriet, gesehen werden. Ich muß es schützen vor den Auswüchsen wilder Sinne. Ich könnte noch einen Schritt weitergehn. Könnte mich grundsätzlich zu einem Widerruf bereit erklären, falls sich in meinem Werke Irrtümliches oder Ungutes finden sollte, bei Wahrung des Gesamtwerks. Ich würde dabei die beiden Fragen, um die es geht, beispielhaft heranziehn, würde mich für die eine – das Ungeschaffene in der Seele – verbürgen. Die andere von dem kleinen Finger, der alles erschaffen hat, würde ich ablehnen gelehrt zu haben, sie berichtigen und widerrufen.«

Johannes: »Dann willst Du widerrufen, was Du nie gelehrt.«

Eckhart: »Ich will mein Werk vor Mißbrauch schützen, sonst nichts.«[62]

Johannes: »Bedenke es noch einmal, Freund, ob Du auch nicht unter dem Eindruck der Nachricht handelst? Es ist ein sehr gewagter und schwerer Schritt, und Du brauchst Kräfte noch für Avignon.«

Eckhart: »Wir leben alle aus dem, was uns zu schwer zu leben ist.«

Als sich am 13. Februar des Jahres 1327 gegen die sechste Stunde nach Sonnenaufgang die schweren Tore der Predigerkirche auf dem Hof des Dominikanerklosters zu Köln öffneten, strömte eine noch nie gesehene Menschenmenge herein. Es hatte sich rasch herumgesprochen, daß eine Unternehmung von besonderer Tragweite zu erwarten sei. Was es war, wußte man nicht. Manche sprachen von einer endgültigen Auseinandersetzung des Magisters mit den Inquisitoren von der Kanzel her, manche von einer neuen herausfordernden Verleumdung des Predigers durch den Erzbischof, manche von einem Widerruf. Wer irgend seinen Arbeitsplatz verlassen konnte, war erschienen. Nicht nur die Bürger der Stadt, auch Ordensgeistliche aus allen fünf Klöstern Kölns, Weltgeistliche, Schüler und Fremde, zudem die Frauen in großer Zahl.

Der Meister zelebrierte und predigte ohne sichtliches Zeichen einer Erregung: von der Geburt des Sohnes Gottes in der Seele, den der Apostel Johannes das Licht der Welt genannt, das von der Finsternis, den niedern Kräften in uns, nicht zu begreifen sei, doch daß es einen gottversippten Adel in der Seele gäbe, der für dies Licht empfänglich sei.

Immer noch strömten die Besucher nach. Als letzte waren die jüngsten Priesterschüler des Klosters selbst erschienen, die kleinen Meister[63], wie der Bruder Eckhart sie scherzend nannte. Sie hatten von den Vorgängen nichts gewußt. Von einem Ministranten benachrichtigt, es müsse etwas Außerordentliches in der Kirche vorgehen: Die Zeremonie des Gottesdienstes sei nach der Predigt durchbrochen worden. Der Meister habe Konrad von Halberstadt herangerufen, der eine Schrift verlese. Nach jedem Satz ergreife der Meister selbst das Wort, übersetze den lateinischen Text und erläutere ihn. Um Kanzel und Altar herum aber seien hohe Würdenträger des Ordens gruppiert, und der Notar der Prediger nehme alles zu Protokoll.

Zornig und traurig, daß man ihnen das verheimlicht habe, rätselten sie, ob es vielleicht deshalb geschehen sei, um einen Aufruhr bei ihnen zu verhindern. Wer weiß, was für einen neuen Schlag der Erzbischof sich wieder ausgedacht hatte gegen den Meister. Bereit, ihn notfalls mit ihren Leibern zu beschützen, falls man ihn fortführen wolle, stehlen sie sich lautlos und unbemerkt – einen Nebeneingang benutzend – in die Kirche, blieben so weit wie möglich in seiner Nähe und verfolgten den Vorgang.

Durch eines der hohen gotischen Fenster des von Albertus Magnus erbauten Chors flutete ein Streifen Mittagssonne direkt auf die Kanzel und umhüllte den einsamen Priester, der der Verlesung seines Textes folgte, wie die Lichtkuppe einer Kerze ihren dunklen Docht. Als trüge seine demütige Selbstentäußerung das Leben der Flamme, schien sie ihn wiederum zu umschließen und abzuschirmen gegen die Ungreifbarkeiten aus dem Dunklen.

III

DER ANGEKLAGTE

1 DIE BEFRAGUNG[64]

Armandus de Bellovisu (Magister sacri palatii): »Hier ist das Goldstückchen! Die letzte Kostbarkeit aus der Menagerie des Heiligen Vaters, das fünfte Tier, ein Vogel Strauß! Hab ich zuviel versprochen, Dominus Durandus? Man staunt, zu was für Arten und Zwischenarten die Schöpfung fähig war.«

Durandus de S. Porciano (Bischof von Meaux): »Das herrliche Geschöpf macht mich fast traurig in seinem engen Käfig, wie sich's vergeblich an die Gitterstangen preßt.«

Armandus: »Wir hätten ihm ein paar Bröcklein mitnehmen sollen, dann wär' es zugänglicher geworden.«

Durandus: »Wie jede Freiheitsberaubung doch zum Bettler macht.«

Armandus: »Verzeih, ich wollte Dich ablenken. Statt bis zum Überdruß die Ballustrade auf und ab zu schreiten, die neueste Erwerbung aus dem Park des Heiligen Palastes vorstellen.«

Durandus: »Und er sitzt ganz allein im Konsistorium und wartet auf den Ausgang. Nur noch sein Famulus hält sich in seiner Nähe. Ich kenne aus meiner eigenen Vergangenheit die Qual solchen Verhörs.«

Armandus: »Es steht ihm frei, die Pause der Befragung nach eigenem Ermessen zu nützen.«

Durandus: »Ich möchte mich zu ihm setzten und mit ihm reden, wie Nikodemus mit dem Herrn und seine Eigenart ergründen.«

Armandus: »Dann hast Du diese Neigung neu entdeckt. Bisher warst Du dem Thomas und seinen Schülern recht wenig zugetan zum Überdrusse der Ordenshäupter und hast die letzten zwei Jahrzehnte ihre Gemüter ziemlich strapaziert.«

Durandus: »Darum gehts nicht. Auch dieser ist kein Thomist, wenn er auch dies und jenes mit gleichen Worten sagt. Er ist ein Eigener – wie ich – um vieles mehr als ich.«

Armandus: »Du bist und bleibst der doctor modernus mit allem Freimut und allem Widerwillen gegen den Zwang der Meinung. Verständlich bei der vielfachen Zensierung, die Du erfuhrst. Doch weißt Du auch, daß uns berechtigte Kritik zuweilen vor Irrtum schützt.«

Durandus: »Ich hätte nie gedacht, daß ein Prozeß so von der Würde des Angeklagten getragen sein kann.«

Armandus: »Ein exzellentes Richtergremium mit den subtilsten Fragen vertraut und ihm geneigt, wie ich soeben an Dir bemerke, befragte ihn.«

Durandus: »Gewiß, das war es auch. Doch hatte Ockham[65] beispielsweise die gleiche Kommission. Wie ein Versteckspiel lief es bei ihm ab, obgleich der volle Text seiner Schrift vorlag. Kaum hatte man ihn auf diese oder jene These festgelegt, stritt er sie ab, änderte sie, mißtrauisch bis zum Äußersten und brachte schließlich ein ganz anderes Konzept zum Vorschein, das er für seine echte Aufzeichnung ausgab. Bei diesem war's ein wechselseitiges Gespräch, staunenerregend offen und immer klar, wenn auch eigenwegig. Man hätte es fortsetzen mögen aus geistiger Begier.«

Armandus: »Ja, das mag das Erfreuliche daran gewesen sein, daß beide Seiten gewiß ein hohes Niveau verrieten.«

Durandus: »Ist unser Standpunkt berechtigt: der oder

jener hat zu entsagen und dann ist alles wieder im Gleichgewicht? Ja, ist er auch nur haltbar? Sein Werk, das ist er selbst, seine lebendige Relation. Ich habe meine Sentenzen nun zum dritten Mal bearbeitet und bin fast auf dem Stand der ersten verbotenen Redaktion. Ich konnte warten, bis die anderen nachgekommen waren. Diesem wird vielleicht erst die Nachwelt gerecht.«

Armandus: »Laß Deine Theorien! Greif irgendetwas heraus, z. B. die Blasphemie, daß Gottes Ruhm in jedem bösen Werk gleich wie im guten strahlt.[66] Die Relation, die davon ausgeht, ist eine Umkehrung aller Vorstellungen, sie liegt nicht mehr im Glauben, nicht einmal im Verstand, nur im Absurden.«

Durandus: »Und gerade diese Auslegung war mir ein Wendepunkt. Zuerst stand ich ihm ziemlich unbeteiligt gegenüber. Dann stutzte ich entsetzt wie Du, daß böse Werke Gottes Ruhm bewirken sollen. – Er gab ganz unbefangen zu, daß es verwegen klänge, so wie es da steht. Doch als er's dann erklärte, schämte ich mich, daß ich ihm mißtraut hatte: Wie unermeßlich viel Gott daran liege, den Menschen frei zu wissen, und daß er lieber alle Übertretungen, Versündigungen, ja, Aufruhr gegen ihn selbst durchleidet[67], als daß er ihm das Wunder der Selbstentdeckung seines Wesens vorenthielte. Daß er ihn nur mit einem Liebeszwang zurückruft, wenn er sich verirrt, mit dem, den er das innere Werk nennt, dem Pendelschlag in uns, der aus der permanenten Gottesflucht der niedern Sinne oft nur im Schrecknis einer Sünde wie in die bodenlose Tiefe zu Gott zurückstürzt, so wie er in der erdgelösten Freiheit des selbstenthobnen Werkes überschwingt.

Das muß ein Wunderwerk der Predigt gewesen sein, von dem dies ein anrüchig klingendes, herausgezupftes Sätzchen ist, ein Preis der Großmut Gottes, wie wohl selten einer. Was gibt's für Theorien über die Freiheit des Menschen seit Augustinus! Und dieser malt sie aus, so wie ein Künstler, die Freiheitsgabe an den Menschen als Gottes höchsten Opfergang.

Und als er das mit ein paar Worten dargelegt, saß er gelassen da und hörte zu, als ließe er uns den gleichen Spielraum wie Gott den Seinen und wüßt wie er, daß wir ihn brauchen, und schien uns nur aus innerer Gewißheit zu verpflichten – wie Gott sein letztes Schöpfungswerk.«

Armandus: »Ich hab Dich selten so bewegt gefunden, Dominus Durandus! Doch weiß ich eigentlich nicht recht warum? Mir scheint die Antwort, die er gab, genau so weitschweifig wie unlogisch; denn nicht das böse Werk an sich bezeugt die Großmut Gottes, vielmehr daß er es zuläßt, wobei auch da noch sehr zu scheiden ist zwischen dem bösen und dem guten Werk.«

Durandus: »Gewiß!«

Armandus: »Oder war es die alte Frage der Willensfreiheit, die mit im Streite lag bei Deinem Sentenzenkommentar, und die, wie ich glaube, schon beim Magisterium von Dir vorgetragen wurde?«

Durandus: »Zu den zweihundertfünfunddreißig Punkten, in denen mich Herveus[68] und die Ordensleitung der Abweichung von Thomas bezichtigte, gehörte sie auch.«

Armandus: »Dann war es also mehr die innere Erregung, die Dich befiel. Die eigne Lage stand plötzlich wieder vor Dir auf mit Anklage und Widerspruch, Entschuldigung und Ablehnung, und welche Wendungen sie sonst noch nahm.«

Durandus: »Mir war, als hätte mir Herveus nach dem Tode in diesem die Versöhnungshand gereicht; als hätten wir uns all die Jahre mit Worten und Begriffen um einen göttlichen Gehalt gestritten, den dieser in sich trägt, auch wenn uns seine Formulierung Verdacht erregt.«

Armandus: »Entschuldige, die Pause ist gleich herum. Würdest Du also diese Aussage, die mir als eine der krassesten Verstöße gegen die Glaubenssätze erschien, der Häresie zurechnen oder nicht?«

Durandus: »Ich würde sie als übel klingend begutachten, denn Häresie enthält sie wesensmäßig nicht. Aber natürlich, so wie sie dasteht, ist sie nicht haltbar. Man kann ihr ja nicht einen spaltenlangen Kommentar zufügen. Es würde jeder flüchtige Leser daraus schließen, daß Gott das Böse wie das Gute gewollt hat, und solche Vorstellung zu erwecken wär in der Tat blasphemisch.«

Armandus: »Waren die Eminenzen Auditoren ihm alle so wohlgesinnt wie Du?«

Durandus: »Wohl kaum.«

Armandus: »Wo nahm man Anstoß?«

Durandus: »Sehr häufig an der Trinitätsvorstellung – im umgekehrten Sinne übrigens wie einst bei mir! Wo ich Substanz und Relation zu scharf geschieden hatte, wurde bei ihm die Auffassung der Einheit Gottes angefochten und er von da her der Häresie des Sabellius verdächtigt.«

Armandus: »Ich glaube, zu Recht! Und sonst?«

Durandus: »Nun, die Häresie des Siger von Brabant – und wohl nicht ohne Grund – wurde eingehend erörtert und auch die Häresie des Abts von Fiore[69] kam ins Gespräch, mit wenig Rückhalt allerdings. Wieweit die Argumente, die der Inquisit jeweils dagegen vorbrachte, die einzelnen Befrager überzeugte, das kann ich Dir natürlich nicht sagen. Mir scheint, es blieb bei allen eine Art Zwiespalt und ein nicht unberechtigter Verdacht zurück. Doch lassen wir's für jetzt dabei.«

Armandus: »Gut, gut. Der Eindruck, den ich bei der Zusammenstellung der Thesen hatte, bestätigt sich, wie's scheint. – Am Abend dann zum Nachtmahl beim Heilgen Vater, im Gartensaal.«

Durandus de S. Porciano: »Da keiner der Eminenzen noch eine Frage an den hochwürdigen Magister zu stellen wünscht, beschließe ich die Inquisitio mit einem Dank an beide: die Herren Inquisitoren für ihre Mühewaltung im Dienst der Wahrheitsfindung und den Herrn Inquisiten für seine unverstellte Offenheit und für das volle Vertrauen, das er uns entgegenbrachte. Es wird uns die Gewissensarbeit, zu der der Heilige Vater uns bestimmt hat, und die wir nun gutachtend zu leisten haben, erleichtern – aber auch alles andere als leicht machen. Denn sieh, so sonderbar es klingen mag, das ist das Schwerste für uns, Bruder Eccardus, daß Du an uns glaubst, als spräche Gott durch uns – und wiederum, daß wir an Dich glauben, aber den Text, so wie er uns im Wortlaut vorliegt, für sehr gefahrvoll, für Irrtum erregend erachten müssen.

Du bist keiner von denen, die sich freisprechen wollen. Du verbargst uns nichts, Du leugnetest nichts ab von dem, was Du gelehrt, verändertest nicht den Sinn, verkleinertest nicht die Schwere der Aussage oder zogst sie zurück, ja, ließest nicht einmal das Mißverstandene fallen, sondern suchtest noch aus ihm den Wahrgehalt zu retten. Es ging Dir niemals um Dich und Deine Rettung. Du schwiegst auch nicht verletzt, sondern suchtest uns nahezubringen, was sich unserm Verstande versagte.

Noch niemals ist es mir so deutlich geworden, wie wenig man dem anderen gerecht sein kann, und *das* nehm ich Dir ab, daß beispielsweise kein Mensch den Geist des Paulus versteht als der, der mit seinem Geiste an ihn herangeht.[70]

So wär denn aller Urteilsspruch nur eine Frage des Zufalls, ob man den geistverwandten Richter findet? Oder sind unsere Glaubenssätze stark genug, um jedes menschliche Niveau von sich aus zu tragen? Was hätten wir an ihre Stelle zu setzen, wenn wir sie fallen ließen? Du meinst, fest in ihnen verankert zu sein. Wir aber müssen dem Wortlaut nach, der uns da vorliegt, die Nähe des Irrtums sehen, müssen meinen, daß Dir das ein oder andere der gesunden Glaubenslehre entglitten sei. Sind wir dadurch im Recht? Oder überfordern wir uns selbst? Ehrwürdiger Bruder Eccardus, es war vielleicht Dein einziges Vergehen, uns überfordert zu haben . . .«

Raimundus Bequini (Patriarch v. Jerusalem):

»Wollet Euch nicht verlieren in Selbstbespiegelungen, Dominus Durandus, die nur für Euch bedeutsam sind. Sagt kurz und knapp, was Ihr zur Urteilsfindung noch beizutragen habt, oder gebt dem Inquisiten das letzte Wort. An uns ist es, nach bestem Wissen abzuwägen, was uns noch haltbar, was irrtümlich und was häretisch erscheint. Die letzte Entscheidung liegt beim Heilgen Vater. Möge ihn Gott erleuchten, dem hochgeehrten Magister gerecht zu sein.«[71]

Durandus: »Ich erteile dem Inquisiten das letzte Wort.«

Meister Eckhart: »Eminenzen, Brüder, Freunde! Heute Nacht, bevor ich zu Euch kam, hatte ich einen Traum. Ich sah den Herrn stehen, alleine, unter freiem Himmel, umgeben von gewalt'-gen Mauerblöcken in einer großen Stadt.
Das kann man vielfach deuten. Die beste Deutung mag immer die sein, die wir auf unser Leben, auf jedes Leben beziehn. Das einzige an uns, was frei ist, aber ständig von Mauern umgeben, ist der Herr in uns. Als Christus davon sprach, daß er die Mauern des Tempels einreißen und nach drei Tagen wieder aufbauen wollte, meinte er damit die Tempelmauern des alten Glaubens, die er mit seinem Tode abriß und mit der Auferstehung in einen neuen verwandelte. Sein Tod, den er da starb, war so vollständig, daß er sich selbst vom Vater verlassen glaubte und damit vielleicht den letzten Rest der alten Feste auch in sich selber abriß. Daß Abreißen von Mauern kann immer nur durch ein Sterben geschehen. Das Abreißen von Mauern ist es wohl auch, was ich von meinen Hörern stets forderte und jetzt von Euch verlange, daß Ihr Eurer Mauern ledig werden sollt und kennt sie gar nicht. Ja, vielleicht kenne ich sie mehr als Ihr, denn Eure Mauern waren auch meine Mauern, die ich alle vergeblich anrannte, um endlich zu merken, daß man Mauern nur als Auferstandener durchschreiten kann. So wie der Herr zu seinen Jüngern durch Mauern und durch verschlossne Türen kam, so wie die

Jünger – durch seinen Tod gegangen – hellsichtig wurden, uneingestanden ihm entgegenwarteten und eines Tages merkten, daß er als Auferstandener unter ihnen war.
Welches sind die Mauern, die ich meine? Im Grunde ist jedes Wort schon eine Mauer des erlebten Gehalts; aber jedes festgelegte Wort ist eine Mauer des frei fließenden Wortes, das aus dem Herzen strömt, und manche zugespitzte These und Glaubensformel ist ein Verließ, darin das Leben vermodert.
Die Mauern, hinter denen der Apostel Paulus lebte, schienen undurchdringlich. Doch auf dem Wege nach Damaskus erfuhr er, daß sie der Herr durchlichten kann, und er durchschritt sie als ein Auferstandener. Wenn Er in uns zu wirken beginnt, so werden unsre Mauern Lichtmauern, Mauern aus Licht, und Er durchwandet sie.
Woran erkennen wir, daß Er in uns zu wirken beginnt? Vielleicht schon daran, daß wir in unsern Steinhöhlen vor Sehnsucht nach Seiner Freiheit bersten. Mehr noch daran, daß Er uns von Seiner Mitte her Durchblicke gibt, uns in Seine Auferstehung einzubeziehen sucht. Dann fällt das Altgewohnte wie eine Mauer von uns ab und Ungewohntes oder Unbekanntes gewinnt erregende Bedeutung.[72] Z. B. das Wunder unsrer Seele. Daß sie in jedem Gliede ganz anwesend ist, die Teilung der Glieder nicht mitmacht und doch in jedem enthalten ist. M. a. W. daß in ihr das Eine und das Viele zusammenfallen. Oder die Beschaffenheit des Himmels. Er ist zeitüberhoben und doch die Ursache unserer Zeiteinteilung. Die Zeit hat ihren Ursprung im Zeitlosen. Ferner, daß das Vergangene und das Zukünftige bei Gott in

einem Nu der Gegenwart zusammenfällt, wie aus der Schrift hervorgeht.

Durchblicke, die man empfing, gibt man mehr auf der Schwingung des Herzens weiter als mit Worten. Man achtet gar nicht so darauf, wie es dem Wortlaut nach klingen mag. Man will nur Mauern, die sie umstellen, hellwandig machen.

Hellwandig werden lassen ist wie ein Einbeziehn des andern in unsre Unaussagbarkeit. Man bedient sich da oft der Sprache des Widerspruchs, der die Welten trennt. Hellwandigen, das ist wie eine Bitte Gottes an den andern durch uns. Wir können es von niemand fordern wie einen Glaubenssatz, um das wir bitten. So fordere ich eigentlich von Euch, was nur Gott von Euch fordern kann, und das ist ein mutwilliges Verlangen, wie ich erkennen muß. Mehr noch, bin ich der eignen Mauern tief genug erstorben, um sie Euch freizugeben?

Ich will mich hüten, Gott zu bitten, daß Ihr mich anerkennt. Ich will ihn bitten, daß er Euch sehen läßt mit seinem, nicht mit unsern Herzen[73], daß Euer Urteil über mich sein Urteil sei, von Euch gesprochen, von mir angenommen.«

Raimundus Bequini:

»Lieber Bruder Eccardus, erlaube mir noch eine kurze Erwiderung: Der Eindruck, den Dein Traum in *mir* zurückließ, war ein anderer: Ich mein, Du sahst Dich selber stehen, einsam, von uns verlassen, auf die Du Deine Hoffnung gesetzt. So ist es nicht! Du bist und bleibst der Unsere! Allein durch den, zu dem Du Deine Zuflucht nahmst. Du bleibst auch in Deinem Irrtum der Unsere, ja, in der Liebe selbst, mit der Du ihn verteidigst. Und doch bleibt Irrtum Irrtum und muß erkannt werden. Der Irrtum ist des Menschen Teil und nur zu oft sein Lieblingskind, das er mit Schmerzen gebar. Mich durchschaudert's, wenn ich denke, daß wir aus Liebe zur Wahrheit und aus Tiefe zur Wahrheit am meisten irren mögen. Laß mich's abmildern, indem ich sage: am meisten irren würden, wenn wir die Mauern, die Du durchlichten willst, nicht hätten. Sie sind uns keine Mauern, Freund! Sie sind uns Festen des Glaubens, Schutz vor dem Widersacher, der den Irrtum schürt, sie sind uns jener dunkle Spiegel des Paulus, den wir, solange wir hier sind, nicht durchlichten können. Im Schutze dieser Mauern kann man den Irrtum abwehren.«

2 SOLILOQUIUM

»Ich danke Dir, Herr, daß ich Dich je bezeugen durfte! Auch wenn mein Wort nicht ankam oder nur halb ankam; wenn ich unverständlich und unbeholfen war, der Geringsten einer, die für Dich zeugten. Allein, daß Du mich dafür eingesetzt und angefordert hast. – Kann einer die Beseligung ermessen, aussagen zu dürfen, was Du gebotest?

Im Umkreis des Schweigens leb ich die Tage, Wochen, Monde mehr als ein Jahr – und nun für immer. In der Spannung des Wortes, das ich nicht worten[74] darf und niemand hörend wäre und das doch meines Lebens Auftrag ist. Und nun, wo mich das Ungesprochene verzehrt, gibst Du mir zu erkennen, daß ihrer Herzen Taubheit mir Wüste werden soll, in der Du auf mich wartest. Es gibt er Wüsten und Einöden in eines Menschen Leben mehr als eine, die Deiner Sprache vorausgehn. Dies ist die Menschenwüste, wo keine Quelle mehr durch eines Wünschelworts geheime Kraft zutage tritt. Ging ich nicht lebenslang auf diese Wüste zu? Nun, da mich ihre große Stummheit durchschweigt, weiß ich, daß ich die ungesprochne Sprache in ihr empfangen soll, die keines Hörers mehr bedarf, die unbewegt bewegende, die spricht, der nicht mehr spricht, die in Gebetesweise raumlos schwingt, alliebend, wen nach ihr verlangt, die Sprache, die ich ewig in Dir sprechen soll, Unbewegt-Bewegender.

Das wußt ich stets, daß Du die Hölle selbst fordern könntest. Nun, da sie greifbar nahe ist, erkenn ich Deine Spur in ihr. Das ist nicht meine Hölle mehr. Das ist die Hölle Gottes in ihrer Auswegslosigkeit, als stünde in mir auf Gott gegen Gott. Gott geb ich preis, wenn ich verrate, was ihn bezeugt, und geb ihn preis, wenn ich zum Ketzer werde, auf meinem Stand beharre eigenwillig. Der Kosmos Gottes selber umstellt mich. Kein Mensch, und wär's ein Fels aus Wesen, besteht sie mehr, denn Wesen wird dort Nicht-mehr-Wesen, wird Zwiespalt, spaltet selbst Gott durch Gott . . . Und doch hat Er die Hölle bestanden. Sein Abstieg noch steht immer im Jetzt. Wie könnte ich Sein Jünger sein, wenn ich nicht Seine Hölle teilen wollte? Sie nicht durchlitte als Dein Werk in mir?

Hab' ich's nicht lebenslang gewußt mit vorahnenden Seelenkräften, daß ich zu den Geopferten gehöre? Erstlingen eines Schöpfungstages – von Gott Geopferten! Wie könnten Menschen opfern ohne Gott. Nun aber leb ich es in leidender Empfängnis als Deinen Pulsschlag in mir.«

3 JOHANNES XXII.[75]

Jaque Fournier, vor kurzem zum Kardinal von St. Prisca ernannt und auf Grund seiner außerordentlichen Verdienste bei der Ketzerbekämpfung vom Heiligen Stuhl zum Berater in theologischen Streitfragen berufen, hatte trotz seiner hohen Würde seine zisterziensische Ordenstracht beibehalten. In seiner weißen Kutte wurde er in Avignon allgemein »der weiße Kardinal« genannt. Seine Kleidung stand im Einklang mit seinem schlichten Lebensideal: er wollte ein Melchisedek sein, ein unauffälliger Priesterfürst. Er verabscheute die Verstiegenheiten der neuen Zeit, sowohl die geistliche Prunksucht und kostspielige Verwandtenwirtschaft, wie sie sich jetzt bei den hohen Herren breit machte, als auch ihre Kehrseite, die absolute Armutsforderung, die bei den Franziskanern laut wurde. Die christliche Tradition galt es ihm zu retten, so wie sie bisher bestand. – Gewiß, die Rückkehr nach Rom war zur Zeit nicht möglich. Man mußte sich einstweilen hier einrichten. Eingehend überzeugte er sich daher jedes Mal, wenn er die Papstburg betrat, nach den Fortschritten des Baues, bewunderte, wie aus dem alten Bischofssitz eine weitläufige Residenz herauswuchs je nach Erfordernis und Möglichkeit durch Einbeziehung angrenzender Bauwerke, ihre Neugestaltung und Zusammenfassung untereinander, zuletzt durch den alle Teile verbindenden zweistöckigen Kreuzgang an der Innenseite des rechteckigen Ehrenhofes.

Als er daher das Gitter der Vormauer, die Holzbarriere und das Pförtchen innerhalb des südlichen Hauptportals passiert hatte, durchschnitt er den Kreuzgang – bedächtig seine azurblaue Deckenbemalung prüfend – zuerst auf der Ostseite, vorbei am neuerrichteten Konsistorium, alsdann im Norden, am Amtssitz des Kardinals Armand de Via, des Lieblingsneffen Johanns XXII., etnlang, verweilte ein Stündchen in der danebengelegenen, gerade fertiggestellten pontificalen Privatkapelle St. Etienne, interessierte sich dafür, wo denn die neuen

Wachtposten zum Schutze des Hl. Vaters aufgestellt waren, und bog, sobald die None geläutet wurde, vom westlichen Gästeflügel her in die Privatwohnung des Papstes im Süden des Palastes ein. Dort, in der Camera nova oder einem der angrenzenden Studios des zweiten Stockwerks pflegte Seine Heiligkeit zumeist zu arbeiten.[76]

Der Hostiar meldete den Kardinal und führte ihn unmittelbar danach in den Empfangsraum. Groß, schwer, mit rotwangigem Gesicht stand der Mönch dem schmächtigen, durchsichtigen Greise gegenüber, der in seinem breiten Lehnstuhl fast versank. Ein zweiter Stuhl wartete auf den Besucher. Der Hl. Vater hatte die Leinenbezüge der scheibenlosen Fenster beiseiteschieben lassen, um die wärmende Sonne einzufangen, zumal der Wind sich gelegt hatte. Das silbern-dunkle Grün der Ölbäume am Abhang des Felsens tat den Augen wohl. Es schien denn auch zum Vorbild genommen für das Grün der seidenen Wandbehänge und Sesselbespannungen im Inneren, blieb aber auch dort nur farbiger Hintergrund. Das eigentliche Leben des Raumes ging aus von einem goldziselierten, edelsteinglitzernden Reliquienschrein auf kunstvoll geschnitztem Tischchen, dem ein neuartiger Teppich aus maurischer Stickerei unterbreitet war. Neben ihm traten die wenigen anderen Gegenstände, so kostbar sie sein mochten, in eine beabsichtigte Unauffälligkeit zurück. Kaum merklich duftete der feine Lavendelblütenstaub, mit dem der Fußboden bestreut war.

Der Mönch mochte meinen, daß er in dieser erlesenen Umgebung noch rustikaler wirke als ohnehin schon, er zögerte, und erst als er die lebhaften Augen des Papstes, seine einladende Geste sah, überwand er seine Steifheit, ging gemessenen Schrittes auf ihn zu und küßte die Hand des Greises ehrfürchtig und fromm.

Es folgte eine kleine Stille gegenseitigen Aufeinanderzukommens, gespannter Wahrnehmung des anderen. Nicht nur, weil jeder recht eigentlich sein menschliches Extrem vor sich hatte, bedingt vielmehr durch die beiderseitige berufliche Vergangenheit: Hier der kluge, gewiegte Kanzler Roberts von Anjou, der stets die weitmöglichst gesichertste Position zu beziehen gewohnt war, bevor er handelte – dort der gestrenge, unbestechliche Inquisitor von Toulouse, der die Gedanken seiner Gegner freizulegen und zu durchschauen für seine erste Pflicht erachtete.

»Wie unbelastet er ist«, dachte Johannes. »Ob er vor Gott auch so geordnet ist wie vor den Menschen?« Fournier aber stellte fest: »Er lebt eigentlich nur noch mit den Augen. Doch mit ihnen ist er souverän.«

Johannes hüstelte. »Ich sehe«, begann er das Gespräch, »Ihr habt die beiden Gutachten, um die ich bat, schon angefertigt. Ich danke Euch, Eminenz. Ich bin auf Euer Urteil gespannt. Bevor ich mich belehren lasse, erlaubt zuvor noch eine Frage vertraulicher Natur. Verzeiht sie meinem Alter. Es ist ihm angemessen, Fernliegendes als Nähe anzusehn und Nahes in die Ferne abzurücken. Wie stellt Ihr Euch das Dasein unsrer Seelen nach dem Tode vor?«[77]

Der Kardinal, der gern sogleich zur exakten Beratung der beiden Streitfälle gekommen wäre, auf die er sich vorbereitet hatte, fühlte sich überfallen. »Ich habe mich außerhalb der allgemeinen Kirchenlehre mit dem Gedankengut noch nicht befaßt, und dies dürfte Eurer Heiligkeit genau so gegenwärtig sein wie mir.«

»Sie ist nicht klar durchschaubar«, erwiderte Johannes.

Der Kardanal: »Ich sehe die Problematik nicht: die reinen Seelen stehn vor Gottes Angesicht, die sündigen erst nach der Reinigung im Fegefeuer, die in Todsünden starben, sind in der Hölle. Mehr zu erfahren, scheint mir nicht not.«

»Das eben ist mir fragwürdig. Ich bin der Überzeugung, daß die reinen Seelen – vom Leib getrennt – unmittelbar nicht vor das Antlitz Gottes treten, vielmehr in einem Zwischenzustand dem ewigen Gericht entgegenharren. Ich maße mir nicht an, ihn näher zu bezeichnen . . .«

»Ihr seid der Überzeugung?«, fragte der Kardinal erschrokken.

»Ja«, sagte Johannes, »sie harren auf das Endgericht die Seelen der Heiligen! Genau so wie die der befleckten und die verdammten Seelen.«

Dem Kardinal lief ein Schauder über den Rücken. Das wäre allerdings die ad-absurdum-Führung jeglicher Glaubensinstanz, wenn selbst die höchste Spitze der Christenheit – – – er wagte den Gedanken nicht zu Ende zu denken. Nur als er die etwas unsichere Stimme des Greises fragen hörte: »Wie würdet Ihr diese Ansicht beurteilen, Kardinal?«, entgegnete er schroff: »Als Häresie! Ihr steht das Herrenwort entgegen: ›Heute wirst du mit mir im Paradiese sein‹.«

Der alte Herr, verletzt und enttäuscht, erwiderte, daß er sich doch auch im Einklang mit der Schrift wisse, die ja von einer Auferstehung beim Jüngsten Gericht spräche, und daß seiner eigenen, unmaßgeblichen Meinung nach niemand ein Urteil empfangen könne, bevor es ausgesprochen sei. Das letzte Argument versöhnte den Kardinal ein wenig, da er Grund gefunden zu haben glaubte. Der Papst war Jurist. Er sah die Dinge als Rechtsgelehrter an. Glaubensfragen interessierten ihn zwar brennend, aber er war ihnen gegenüber unsicher. Das machte sich auch darin bemerkbar, daß er so schwer Entscheidungen treffen konte. So sicher er handelte, wenn er als Staatsmann angesprochen wurde, wenn Ansehen oder Macht seiner Herrschaft zur Debatte stand und er recht eigentlich wieder Kanzler sein durfte, so zögernd kam er den theologischen Forderungen nach, holte immer wieder neue Gutachten ein, bildete erneut Kommissionen zur Überprüfung und blieb auch dann noch unschlüssig. Und doch, waren dies nicht die Zeichen einer ausgeprägten Gerechtigkeitsliebe, durfte er nicht in eigener Sache das gleiche Entgegenkommen beanspruchen? Es kam darauf an, ihn von der größeren Wahrheit der Kirchenlehre zu überzeugen. Er brachte alle Argumente herbei, die ihm im Augenblick einfielen, und legte sie eindringlichst und fast beschwörend dar.

»Ja«, sagte Johannes, auch seinerseits einen Schritt näherkommend«, das ›heute‹ wiegt schwer, das geb ich zu. Doch scheint es unsre Zeitrechnung durchbrechen zu wollen, schon weil's der Auferstehung am dritten Tage zuwiderläuft, oder die Ortsbezeichnung ›Paradies‹ meint nicht die Schau, sondern nur die Nähe Gottes, das Dasein gleichsam sub altare. Sagt, ist die Lehre schon so fest gefügt, daß keinerlei Varianten in meiner Richtung möglich wären?«

»Ich könnte diese These nicht verantworten! Doch würde ich, wollt ich ganz sicher gehn, ein Gutachten von der Sorbonne einholen.«

»Ich danke Euch, Eminenz, es kam mir auf Euer Urteil an. Doch kommen wir zur angesetzten Sache. Da ist der Fall des alemannischen Magisters Aychardus, verklagt vom Erzbischof von Köln, und der des anglikanischen Bakkalars Wilhelm von Ockham, vom Kanzler Luterell beschuldigt. Wenn wir zum zweiten nicht mehr kommen sollten, so würde ich Euch morgen um die gleiche Stunde noch einmal bitten, wenn's Euch genehm ist. Bei dem Magister hätte ich über den und jenen Punkt gern noch genaueren Bescheid, als eine schriftliche Zusammenfassung sie geben kann. Wie habt Ihr Euch zurechtgefunden? Ihr hattet Bedenken, weil das gesamte Werk nicht vorlag, nur die Exzerpte des Kölners.«

»In Anbetracht der Eigenwilligkeit seiner Gedanken wär's gut gewesen, das Gesamtwerk einzusehn, soweit's Lateinisch vorlag jedenfalls. Für die Beanstandungen aus landessprachlichem Konzept waren wir ohnehin auf die Exzerpte angewiesen. Sie sind zum Glück so umfangreich, wenn man die einwandfreien Thesen mit einbezieht, die Vorbemerkungen, Beschuldigungen und Widerlegungen studiert – sehr häufig mehrmals vorgehalten und widerlegt – daß man sich wohl begnügen kann, zumal sein Eingeständnis, das gelehrt zu haben, vorliegt.«

»Und Euer Urteil?«

»Ich kann ihn nicht entlasten! Schon die Stellungnahme zur praktischen Justiz befremdet: Häretiker sei nur, wer aus Verwegenheit Falschlehre verbreite, gutgläubige Verfehlung daher keine Häresie, wo sie doch mehr ein Urteilsgrad der Glaubensabweichung ist, nach heutigem Verfahren.«

»Und in der Sache?«

»Liegt's nicht viel anders. Wenn beispielsweise Sigers[78] Lehre von der Ewigkeit der Welt, die längst verurteilt ist und ihm als Häresie bekannt sein muß, von Neuem auftaucht.«

»Dieselbe Lehre?«

»Ein wenig abgewandelt vielleicht, doch praktisch kommt es auf dasselbe heraus.«

»Wie lautet seine These?«

»Im gleichen Jetzt der Ewigkeit, in dem Gott ist und seinen ewigen Sohn gebiert, erschuf er auch die Welt. So etwa.«[79]

»Hm, hm! Im Jetzt sagt Ihr, im Jetzt der Ewigkeit? Dann sieht er die Ewigkeit an als ein Jetzt?«

»Er drückte sich so aus. Doch das ist nicht entscheidend. Häretisch ist, daß Gottes Dasein hier mit der Welterschaffung gekoppelt ist und mit ihr steht und fällt.«

»Das bietet sich mir ja fast als Lösung an in meiner Frage. Was sich in einem Jetzt abspielt, ist aus dem Zeitablauf herausgenommen, nicht wahr? Löscht also auch den Zeitraum aus zwischen dem Tod und dem Gericht. Er wäre nur vom menschlichen Gesichtspunkt her gesehen vorhanden. Eine außerordentliche Aussage, ganz außerordentliche Aussage, Kardinal! So eine ureinfache Erkenntnis! Das Jetzt der Ewigkeit – wie eine Inspiration – und löste alle Widersprüche!«

»Das Jetzt ist ziemlich klar umrissen! Es liegt nach der Berechnung unsrer Zeitgelehrten seit Adams Tagen etwa 7000 Jahr zurück. Mithin: die Zeitrechnung ist falsch, die Welt war ewig schon, oder wir hatten vor etwa 7000 Jahren keinen Gott. Die Häresie der Aussage leuchtet ein. Als hätte Gott nicht unzählige ›Jetzte‹ für seine Schöpfung gehabt.«

»Ihr seid zu Unrecht verärgert, Fournier. Ein Mißverständnis! Ihr seht die Ewigkeit als Zeitenlänge. Er sieht sie als ein Jetzt, als Aufhebung der Zeit, das ›heute‹, von dem Ihr anfangs spracht. Doch wie begründet er's?«

»Zunächst ganz annehmbar: Schöpfung als Daseinsgebung Gottes an die Welt, jegliche Handlung Gottes ist seine Substanz. Doch dann die überspitzte Folgerung: daher die Schöpfung als göttliche Substanz ist ein Geschehn im ew'gen Jetzt, in dem Gott ist. Fügt allerdings hinzu, das sei nicht gleichbedeutend mit Ewigkeit der Welt, beziehe sich allein auf Gottes Schöpfungsakt, die Daseins*gebung*, die Creatio actio; die Welt als daseinsnehmende sei in der Zeit, wie jedermann ersichtlich.«

»Und Eure Gegenargumente?«

»1. Moses hat die aktive Schöpfung gemeint, die schaffende und sah sie in der Zeit. 2. Hätte er sie ewigkeitlich gesehn, wäre auch die passive von Ewigkeit, denn Schaffen und Geschaffenwerden sind ein Vorgang, das eine kann nicht ewig, das andre zeitlich sein. 3. Wäre die Welt von Ewigkeit geschaffen, hätte sie samt und sonders göttliche Substanz. Das ist zu mindest bei der Materie nicht der Fall. 4. Das Jetzt der Ewigkeit kann nicht zum Maßstab der Schöpfung genommen werden, weil sonst das Schaffen ein ew'ger Vorgang wäre, so wie die Zeugung des Sohnes. 5. Wenn Gott die Welt neu schuf, wie er ja zugibt, so war die Tat der Schöpfung auch neu, nicht ewig, genau so neu wie das passive Geschaffensein der Welt. Ins Ganze: die Bestimmung ›Im Anfang schuf Gott‹ und so weiter, bezeichnet ein Maß der Dauer, nicht ein Jetzt der Ewigkeit – so wie es der gesunde Glaube lehrt.«

»Ich bewundere Eure Logik, Kardinal, die jede Möglichkeit bedenkt und folgerichtig vom augenfälligeren zum versteckten Sinngehalt hinübergleitet! Wenn ich mich allerdings zu seinem Advokaten machen wollte – verzeiht, nur weil Ihr sein Gegner seid, wärt Ihr ihm zugetan, wär ich vermutlich sein Kritiker –, ich würde meinen, die Diskrepanz der Auffassungen liegt an der Lehre von der Schöpfung als Daseinsgebung. Ihr anerkennt sie, gewiß, ihm aber, dem Schüler des heiligen Thomas, ist sie zur zweiten Natur geworden. Er hat sie vielleicht gar etwas weiter entwickelt, einzipflich weiter entwikkelt? Ich könnte mir denken, daß seine Frage die war: Wie kommt die Daseinsgebung an die Welt zustande? Und so interessiert ihn von der ganzen Schöpfungsgeschichte nur das ›Gott sprach‹, von dem der lebenspendende Funke ausgeht, der Augenblick, in dem Gott das Nichts anspricht und es entnichtet, dem Wesenlosen Wesen gibt. Das ist sein ›Jetzt‹. Das ›sprach‹, d. h. das Wort bei Gott ist noch Substanz, ist noch im Jetzt, folgert er. Aus seinem Wort entlassen, in dem verdünnten Raum des ›und es ward‹ wird das Geschaffene weitläufig, aufeinanderfolgend, verzeitlicht. Das ›und es ward‹, das passive Geschaffensein, setzt er als allgemein bekannt voraus, und Euch ist's Mittelpunkt.«

»Ich glaube, Heiliger Vater, ich habe nicht nur den Bruder Eccardus zu widerlegen, auch den Thomisten, den Ihr offensichtlich bereits zu Rate zogt, vielleicht sogar noch einen Dritten: Euch selbst in eigner Sache!«

»Es schiene mir eine große Ungerechtigkeit, wollt ich nicht den Thomisten durch den Thomisten erläutern lassen. Doch das ist lange her. Sein Ordensbruder, Gerhard von Pondhanz, der ihn von Köln hierher begleitete und mir auch Aufschluß gab über die Denunzianten des Magisters, erläuterte mir damals seine Lehre. Es war noch nichts geprüft, und ob wir über diese Frage sprachen, weiß ich nicht einmal mehr. Sie scheint sich mir natürlich zu lösen aus dem, was er zu seiner Rechtfertigung vortrug.«

»Vor dem gesunden Sinn der Glaubenslehre ist sie nicht haltbar. Der heilige Thomas kannte seine Grenzen, dieser nicht.«

»Der Meister steht am Rande des Grabes. Was er der Welt da noch zu sagen hat, muß man mit doppelter Behutsamkeit anhören. Es könnte ihm von Gott gegeben sein.«

»Und wenn's nicht Gott wär? Wenn in seine fromme Seele, ohne daß er's merkte, der Engel des Lichts sich eingeschlichen hätte? Die Kühnheit seiner Rede spräche dafür!«

»Kühn ist er, seiner Sache gewiß aus dem verhaltnen Überfluß der Seele, wie einer, der aus der Menschenwelt schon einen Schritt hinaustrat. Mich erinnert er zuweilen an Pierre du Puy, den Künstler, den ich herzog aus Toulouse, der die Privatkapelle mir malt. Ein Meister Gottes, denk ich oft, wenn er in seine Fresken so vertieft ist, daß er mein Kommen und mein Gehn gar nicht bemerkt. Vergebt mir, Kardinal, wenn ich in Eurer Sicherheit, um die ich Euch beneide, auch eine Grenze sehe. Gewohnt, in Zweifelsfällen dem relativ gesundesten Gedanken den Vorrang einzuräumen, habt Ihr für die Zwischentöne des Herzschlags, die seinen Ausnahmezustand anzeigen, kein Ohr. Gewiß sind manche Formulierungen allzu gewagt, man müßte ihren Sinn gefälliger einkleiden; ins Ganze aber mein ich, für das meiste, was Ihr widerlegt, könnt er genau so viele Stellen bringen, die statt des Euren, seinen Stand erhärten.«

»Die Kühnheit seiner Rede ist nicht nur Hülle, die man fortlassen kann. Sie ist auch Ausdruck seiner Haltung zur Ewigkeit. Er kann sie irdisch nicht anders meistern.«

»Das habt Ihr klug erkannt.«

»Doch woher nimmt er diese Kühnheit? Und weiter: sind wir gehalten, ihm zu folgen, wenn er sich in der Undurchdringlichkeit des Göttlichen verirrt? Ich weigre mich, dem Jetzt der Schöpfung zuzustimmen, ich weigre mich, die anderen Verzerrungen der Glaubenslehre zu dulden, die Trinität herabzusetzen, den edlen Menschen als den Sohn Gottes anzusehn, selbst wenn er ihn in seiner höchsten Möglichkeit vor Augen hat.«

»Lehrt er das auch?«

»In zwei fragwürdigen Sätzen: ›Der edle Mensch ist jener eingeborne Sohn Gottes, den Gott der Vater ewiglich gebiert,‹[80] Der zweite lauter ähnlich.«

»Und wie erklärt er es?«

»Nun, da ist einschränkend hinzuzufügen, daß es sich eben um Exzerpte, nicht um Thesen handelt. Als These hätte er's vielleicht anders formuliert, denn er rückt sichtlich vom Wortlaut ab, erklärt ihm dem Verstande nach für falsch, der Vorstellung nach irrtümlich und dumm. Worauf's ihm ankommt, sei zu zeigen, daß der eingeborne Sohn der Trinität und der, durch den die Gläubigen zu Söhnen werden, derselbe ist.[81] Die Gleichsetzung ist klar. Nur sie genügt doch nicht, den edlen Menschen als den Sohn Gottes anzusehn.«

»Was meint er mit dem edlen Menschen?«

»Darüber wurde er nicht gefragt.«

»Darauf kommt es doch an.«

»Wenn man die Kölner Anklage und Verteidigung studiert, begegnet einem gleich zu Anfang eine gewagte Lehre[82]. Aus ihr läßt sich's vielleicht am besten entnehmen. Er sieht die ganze Geisteswelt in der Form einer Partizipation, bildlich gesprochen, in einer Vater-Sohn-Beziehung. Es fußt auf St. Johannes[83], bei dem es heißt, daß allen denen Macht gegeben ist, zu Söhnen Gottes zu werden, die – ich kürze ab – von Gott und aus Gott allein geboren sind. Er stellt nun auf: der Gute, d. h. der absolut Gute, ist der Sohn der Gutheit. Der Unterschied zwischen beiden ist nur der, daß er der Geborene, die Gutheit dagegen die Gebärende ist, sonst sind sie völlig gleich, zusammen eine Gutheit. Der Wahre der Sohn der Wahrheit u.s.f. Der Sohn Gottes und Gott sind beide ein Gott. Der Unterschied zwischen ihnen ist nur der, daß der Sohn der Geborene und Gott der Gebärende ist. Das Gleiche gälte für jedes gottgeborene Dasein. Es hat auf Erden keinen Vater, d. h. wird von nichts Irdisch-Kreatürlichem getrieben. Aber auch das Irdische zeugt sich nicht in ihm, d. h. vermutlich, weicht ihm aus, weil es keine Resonnanz in ihm findet, befeindet es möglicherweise. Ein solches Dasein kann nicht das Dasein eines natürlichen Menschen sein. Dieser Sohn Gottes oder diese Söhne Gottes sind vielmehr Innenkräfte der Seele. Das augustinische Bild Gottes bietet sich vielleicht als Vergleich an. So eine ähnliche Vorstellung scheint sich hinter dem Begriff ›der edle Mensch‹ zu verbergen.«

»Da habt Ihr Euch sehr eindringlich um ihn bemüht. Ich danke Euch. Auf diesem Hintergrunde wird der Ausspruch wesentlich entschärft. Er klingt gewagter, als er ist. Mir scheint, daß man mit Einschränkung, vielleicht mit vorsichtigem Hinweis auf möglichen versteckten Irrtum ihn gelten lassen könnte. Es wundert mich, daß Ihr ihn ablehnt.«

»Die gleiche überspitzte Folgerung aus einem Schrifttext wie vorhin. Wenn sie zu Söhnen werden, sind sie noch nicht der Eingeborene der Trinität.«

»Ob wir die unaussagbaren Realitäten des Göttlichen so präzisieren sollen? Ich muß gestehn, selten ist mir eine Glaubenszensur so peinlich gewesen, wie gegenüber diesem hochbetagten Manne, der lebenslang im Dienst des Glaubens stand. Auch könnte es uns so gehen, daß wir dem Thomas eine These heiligten und diesem ihre Fortsetzung verdammten. Er hat am meisten über alles nachgedacht und immer wieder an der Glaubenslehre geprüft, wie mir sein Ordensbruder damals sagte. Es liegt in seiner Haltung nichts von einem Ketzer, ein tiefes Vertrauen, daß seine Wahrheit Eingang finden werde. Ob man ihm diesen Spielraum der Auslegung nicht zugestehen sollte?«

»Dann kommen wir zu dem, was Ockham uns zuschiebt: Willkür in der Beurteilung der Glaubenslehre. Dann gäbe es die eine heilge Kirche bald nicht mehr. Und weiter, sollen wir dem Hochgelehrten einräumen, was wir dem einfachen Katharer, dem Waldenser untersagen?«

»Bei Eurer Konsequenz seid Ihr im Recht.«

»Ohne diese Konsequenz hätte ich nicht zwei Diözesen ketzerfrei gemacht, bis dahin Hochburger der Häresie.«

»Ihr wißt, daß ich Euch die allergrößte Bewunderung deshalb entgegenbringe.«

»Wenn ich bei der Befragung als Inquisitor zum sichersten Ergebnis kommen wollte, so fragte ich mich zumeist, was treibt ihn, welches ist der Grund, aus dem heraus er abtrünnig geworden ist?«

»Und seid Ihr bei diesem auf einen Grund gestoßen?«

»Es gibt nur zweierlei: Entweder ihn treibt Gott oder ein letzter menschlicher Ehrgeiz, der Auserkorene Gottes zu sein. – Selbst aber wenn ich ihm weitesten Spielraum einräume: Sollte Gott langererbete Lehre und Vorstellung durch diesen widerrufen, was sag ich, ad absurdum führen wollen? Was hat er auf seiner Seite, es zu bekräftigen? Die Schriftzitate – stellenweise falsch gedeutet und überfordert – reichen nicht aus. Nichts hat er zu erwidern, als daß es wahr sei. Fragt man ihn aber, was er denn unter Wahrheit verstehe, erwidert er mit einem Worte Augustins: ›Was man ohne Bild und ohne Gedanken im Inneren erkennt, von keinem Außen eingetragen‹[84] und wieder greift man ins Leere. – Es sind nur achtundzwanzig Sätze. Sei sind ihm nicht zu retten. Ich weigre mich, ihn freizusprechen auch nur für einen, das Urteil der Kommission auch nur zu mildern. Ich kann mein Amt nicht anders verstehn. Aber sie kommen vom Irrtum so schwer los, weil sie gerade da immer Häretiker sind, wo sie aus dem Herzen sprechen. Sie müssen diesen Schritt tun. Ich weiß, daß es sie Herzblut kostet, denn daß sie selbst davon durchdrungen sind, steht fest. Die Frage ist nur, wer's ihnen eingegeben. Aber daran liegt alles, daß sie dem Wahne Luzifers entgehn, dem Blender ihrer Seelen.«

»Ihr glaubt also, daß *der* am Werke ist?«

»Versteht mich recht, ich halte es möglich, daß er in seine Sinne sich eingeschlichen und seine Sehnsucht selbst nach Gott mißbraucht hat. Der Ausgangspunkt ist immer akzeptabel, und dann versteigt er sich. Mich schaudert's, wenn ich lese, daß wir in Gott verwandelt werden sollen – als spräche die Schlange im Paradiese – oder daß *der* Gott heiligt, der keinen Himmel mehr begehrt! Ich gebe Eurer Heiligkeit den Rat, im Konsistorium über diese Sätze das Urteil der Häresie zu fällen, bevor . . .«

Eine unerwartete Bewegung des Papstes veranlaßte den Kardinal einzuhalten, ohne den Satz zu vollenden. Er sah auf. Der kleine, schüttere Greis ihm gegenüber hielt den Kopf ein wenig geduckt und hob abwehrend die Hände. Die Blässe seines Gesichtes war undurchdringlich. In den dunklen, sprechenden Augen malte sich eine angstvoll-untergründige Erregung ab.

»Ich glaube zu verstehen, Heiliger Vater, aus Euern Blicken, was Ihr sagen wollt«, stammelte Fournier.

»Und?«, fragte Johannes.

Der Kardinal, halb mitleidig, halb abwehrend, erwiderte: »Richtet nicht, auf daß ihr nicht gerichtet werdet.«

Und wie einer, der schon durch das Verständnis des andern allein eine gewisse Geborgenheit zurückerlangt, erwiderte Johannes: »Ich möchte mir die Entscheidung noch vorbehalten.«

4 DIE ORDENSVERSAMMLUNG[85]

Prior des Dominikanerklosters zu Avignon:

»Eminenzen, Patres, Fratres!

Hier am Vollzugsort einer Urteilssprechung, die kaum noch aufhaltbar auf unsern Orden zukommt, begrüße ich Euch zu gemeinsamer Beratung. Aus einer Sorge, die Euch und uns belastet, habt Ihr auf Eurem Wege zum Generalkapitel in Toulouse den Umweg über Avignon genommen. Wir danken Euch für die Verbundenheit, die Ihr damit bezeugt habt.

Wir dürfen die Gefahr, in der wir stehn, die mit dem Urteil auf uns zukäme, nicht gering einschätzen. Sie scheint mir vorgebildet bei unserm Bruderorden, den Franziskanern, die durch überspitzte Forderungen eine Entzweiung mit dem Heiligen Stuhl und eine Spaltung des Ordens in sich selbst heraufbeschworen.[86] Dazu darf es bei uns nicht kommen, wie auch immer das Verfahren ausgehen mag. Der Heilige Vater ist uns wohlgesinnt. Die enge Verbundenheit zwischen ihm und uns ist nirgendwo so augenfällig wie hier in Avignon. In diesem Konvente wurde der Herr Johannes XXII. gewählt, in dieser Kirche inthronisiert. Noch immer steht ihm der Konvent zu Amtshandlungen zur Verfügung. Noch immer begibt er sich alljährlich in feierlicher Prozession von seiner Burg auf dem weißen Felsen über der Rhône durch die Stadt zu unserm Kloster. Von den vielfachen Ernennungen von Ordensbrüdern für exponierte Stellungen am Heiligen Palaste ganz zu schweigen.

Wir wurden daher zuversichtlicher in der fraglichen Sache, als wir erfuhren, daß der böse Schlag, den der Dominus von Köln dem einen der Unsern – und damit dem Orden – versetzt hatte, hier aufgefangen werden sollte. Wir dankten es dem hochgelehrten greisen Manne aus Teutonia, daß er darauf bestanden hatte, vom Heiligen Vater selbst gerichtet zu werden und für die Erteilung der Apostolica gekämpft hatte. Wir sahen es fast als eine Vorentscheidung an, als der üble Denunziant des Magisters, Hermann de Summo – vom Erzbischof wie uns zum Hohne nun auch noch als Ankläger zum Papst entsandt –, vom Heiligen Vater in den Kerker geworfen wurde.

Mit jener Sympathie, die man so gern dem zu Unrecht Beleidigten zollt, empfingen wir ihn, den allbekannten Lehrer von Paris und Köln, den einstigen Schüler eines Albertus Magnus, den vormaligen Provincial der Teutonia, dem eine in unserm Orden noch niemals da gewesene Schande widerfahren war. Aber auch unsere Besucher durchschritten unsre Pforte nach langer, mühevoller Reise, als träten sie in den Vorhof der Gerechtigkeit ein: Er, der alt-ehrwürdige Angeklagte, Magister Eccardus, sein Provincial, Heinrich de Cigno, der ihn begleitete, die drei Lektoren, die bezeugen konnten, daß Hermannus de Summo seit Jahren überhebliche, böswillige Kritik an hohen Ordensgeistlichen geübt und nun, dafür zur Rechenschaft gezogen, sich vor der Ordensstrafe in den Schutz des Erzbischofs geflüchtet, indem er einen unsrer Angesehendsten vor ihm der Ketzerei bezichtigt hatte, um selber straffrei auszugehn. Daß seine Denunziation haltlos war, stand für uns außer Zweifel. Wir wußten, daß unser hochwürdiger Bruder Nikolaus von Straßburg als Vikar des Papstes bei gleichartiger Untersuchung kurz zuvor das Werk des Meisters geprüft und für recht befunden hatte.

Die langmonatige Wartezeit bis zur Wiederaufnahme des Verfahrens, die der Hl. Vater auf Grund des Kölner Inquisitionsbefundes beschlossen hatte – nicht nur bedingt durch seine außerordentliche Beanspruchung, vielmehr auch durch die Vorarbeiten: die mühevolle Arbeit der Exzerption des Verfänglichen, die lange Zeit bis das vom Hl. Vater genehme Gremium beisammen war – diese Wartezeit fand endlich ihr Ende durch die erneute Befragung des Magisters im Konsistorium. Wie einen Gerechten entließen wir ihn dorthin. Wie ein von Gott Gezeichneter erschien er uns, als er zurückkam. Wir hielten es der Ehre des Ordens für zuträglicher, ihn mit seinem allemannischen Begleiter allein zu lassen und jede Begrüßung zu vermeiden.

Das nicht für möglich Gehaltene war eingetreten: Der Denunziant, der ihn verklagte, wir im Recht. Gewiß, es war noch nichts entschieden, erst die Befragung hatte stattgefunden, aber das Richterkollegium, das der Hl. Vater aufgestellt, konnte nicht günstiger sein: Unter den sechs Inquisitoren waren drei Ordensbrüder, und auch sie – gleich den andern – hatten die 28 Anklagepunkte, die der Magister des Heiligen Palastes aus dem Wust der Kölner Beschuldigungen herausgezogen hatte und er gelehrt zu haben zugab, sämtlichst für häresiebelastet ausgegeben. Die Ausarbeitung ihres Urteils konnte nicht anders ausfallen. Gewiß, sie hatten sich auf den Wortlaut beschränkt, der ihren Verdacht begründete, aber der Meister hatte den Sinngehalt demgegenüber vergeblich angeführt.

Wären es nur Ergebnisse seiner Forschung gewesen! Aber er hatte sie gelehrt, gepredigt, sich für sie eingesetzt und war dafür angeklagt worden. Mithin: Wir hatten einen Ketzer im Orden, wir, der Orden des heiligen Dominicus. Und es war nicht irgendein Bruder X, es war der Hochgestellten einer, der in seinen Landen weit und breit bekannt.

Der Heilge Vater kann den Orden nicht mehr schützen. Lange Zeit schien es uns, als ob er sich zur Urteilsfällung nicht entschließen könnte. Wir hofften im Stillen auf eine Versandung des Falles, wie man das schon öfter erlebt hat. Nun ist mit einer unauffälligen Aussetzung des Urteils nicht mehr zu rechnen. Der Erzbischof besteht auf einem Urteil. Sein Ansehn stünde auf dem Spiel. Die Frage ist für uns, was können wir noch tun, das Urteil zu verhindern oder zu mildern? Wie können wir verhindern, daß dieses Urteil eine Kluft zwischen dem Heiligen Stuhle und dem Orden aufreißt? Und endlich, reicht der Rahmen seines Widerrufs für jede Form der Urteilssprechung aus, auch dann, wenn nicht nur einige Sätze, sondern vielleicht die Werke, denen sie entnommen sind, mit verurteilt werden? Die Wendung, die das Verfahren jetzt nahm, läßt auch das nicht für unmöglich erscheinen. Gewiß, er hat es alles der Entscheidung des Papstes unterstellt, aber im Vollgefühl, daß er im Gegensatz zu Köln hier auf Verständnis stoßen würde. Sollte man ihm die Veränderung der Lage und etwaige Folgerungen, die daraus zu ziehen wären, noch einmal vor Augen führen?«

Heinrich de Cigno (Provincial der Ordensprovinz Teutonia):

»Was sagt Ihr? Soll er seine todesmutigen Erkenntnisse vor Gott etwa verleugnen, bevor sie noch verurteilt sind? So lange der Heilige Vater noch Gutachter heranzieht und immer neue Gutachter, erscheint mir unsre Sache noch nicht verloren. Er sei denn, wir geben sie selber auf.

Was ungesunden Sinnes an seiner Lehre ist oder ungut verstanden werden kann, das will er widerrufen wissen. Damit ist dem Genüge getan. Was er noch bis zuletzt zurechtzurücken suchte, das hat er nicht für ungesund erachtet.

Soviel ich weiß, taxierten alle Gutachter: dem Wortlaut nach häretisch! An uns ist es, den Sinnlaut aufzudecken. Sie hielten sich daran, daß er ja zugegeben hatte, es gelehrt zu haben. An uns ist es, begreiflich zu machen, was es mit diesem Eingeständnis auf sich hat. Wenn einer sagt: Das habe ich gelehrt, und gleich dazu erklärt, so wie es da steht, ist es irreführend und war es gar nicht gemeint, und es berichtigt, hat er sich dann dazu bekannt oder nicht?

Wie kam es, daß er dieses Eingeständnis machte? Der Wortlaut, wie er es einmal aussprach, ist ihm entfallen – ganz abgesehen davon, daß vieles nie sein Wortlaut war, von Hörern aufgezeichnet nach der Predigt, so wie sie es im Ohr behalten haten! Und doch enthält es Sinn von seinem Sinn und Wortlaut von seinem Wortlaut, und sein Gewissen fordert, daß er sich zu dem untergründigen Sinn bekennt. So greift er jede Fassung auf, berichtigt sie, holt ihren eigentlichen Sinn heraus und läßt es gelten. Das war auch seine Praxis. Sein Verhalten ist mir vertraut. Seht, seine Lehre war schwer und wurde leicht mißdeutet. Hätte er einfach gesagt: ›Das habe ich nicht gelehrt‹, lief er Gefahr, als Lügner angesehn zu werden. Statt dessen nahm er gern die falschverstandene These nochmals auf und sagte: ›Freund, wie Du's im Ohre hast, ist's falsch. Dies war der Sinn der Worte.‹ Und dann erläuterte er's mit unermüdlicher Geduld von Neuem. So etwa mag es bei der Befragung zugegangen sein.

Wie aber ist der Sinnlaut? Vielmehr ist er häretisch oder rein, denn das allein steht zur Debatte. Ich wüßte nicht, daß er als Meistertheologe von Paris je der Zensur verfiel. Das aber weiß ich, wenn er predigte auf einem unserer Generalkapitel zu Pfingsten, so war's dem Fest des Heiligen Geistes würdig. Wenn ich in Köln war, in der Disputatio im Konvent ihn sprechen hörte, entließ er mich mit einem Neugefühl zur Welt. Wer unter uns, der ihn gehört, wäre nicht von seinem Wort ergriffen worden? Wie, hätte keiner, der ihn hörte da oder dort, bemerkt, daß seine Lehre Ketzerien enthielte? Allein ein eitler Hohlkopf oder ein fehdedurstiger Kirchenfürst, dem seine Ketzergilde die Herrschaft untergräbt? Weiter: Hätte der Bruder Nikolaus, als er sein Werk auf breiter Basis in folgerichtigem Zusammenhange der Schriften prüfte, unredlich gehandelt, ihn wider bessres Wissen freigesprochen? Er war vom Orden nominiert, vom Papst bestätigt und niemand kann ihm Verstiegenheit vorwerfen. Auch war er weder sein Schüler noch geistig von ihm abhängig.

Wie kam's zu dieser Fehleinschätzung? Das wurde mir erst klar, als Ihr mir Einsicht gabt in Euer Protokoll. Das ist nicht seine Lehre, was da verhandelt wurde. Das ist verstümmelt bis zur Unkenntlichkeit. Soweit verstümmelt wäre jeder von uns Häretiker. Soweit verstümmelt wird jeder alles aus ihm herauslesen, was sein Verstand ihm eingibt. Die Zuträger des Erzbischofs waren viel zu begrenzten Geists, als daß sie wußten, was sie taten. Sie suchten seine Lehre nach Belastung ab und schnitten willkürlich heraus, was ihnen für die Anklage geeignet erschien. Die letzte Kürzung lieferte dann der Magister vom Heiligen Palast.

Gewiß, der Angeklagte hat's verteidigt. Doch ist es etwas anderes, ob eine Aussage von dieser Gedankenschwere allmählich hinführt, entwickelt, mit dem Für und Wider abstimmt, zu einer wagemutigen Erkenntnis kommt oder von dieser her in aller Kürze bewiesen oder nicht bewiesen wird. Kurzum, ich fordere, daß zur Beurteilung des Bruders Eckhart die Vorarbeit und das Ergebnis des Bruders Nikolaus von Straßburg hinzugezogen wird und bitte Euch um Eure Zustimmung dabei.

Als wir in Köln aufbrachen, der Bruder Nikolaus und ich, dachten wir an den Weg, den einst ein Größerer vor uns gegangen: Albertus! Um seines Schülers Thomas angefochtne Lehre zu verteidigen an der Sorbonne[87].

Und wir? Wollen wir heute ›Hosianna‹ rufen und morgen ›kreuzige‹? Er ist auch heute unser Bruder. Von seiner Redlichkeit vor Gott durchdrungen wollen wir seine Schande vor der Welt mit ihm auf unsre Schultern nehmen, als seine Brüder für ihn einstehn, wie uns Albertus ein Beispiel gab.«

Bruder Notar des Klosters von Avignon: »Wollet uns nicht identifizieren mit einem, welchen Luzifer verführt! Was Ihr da von uns fordert, geschlossen hinter ihn zu treten, erbrächte gerade das, was wir verhindern wollen: Entzweiung mit dem Heiligen Stuhl – oder gar des Ordens in sich selbst. Wenn selbst der eine oder andere Beurteiler noch zugelassen wird, wenn wirklich hier und da noch etwas gemildert werden könnte, die Lehren sind in ihren Wesenszügen nicht zu retten und auch nicht akzeptabel! Die Thesen, die Ihr für verstümmelt haltet, stehen doch für sich selbst. Ich wüßte nicht, was sich an ihnen ändern sollte, wenn man sie langatmiger entwickelte. Ich meinerseits bewundere den Magister sacri palatii, daß er den Sinngehalt so konzentriert herausgestellt hat – vom Standpunkt der Anfechtbarkeit versteht sich, die für die Urteilsfällung allein maßgebend ist.

Wenn's noch gelehrte Thesen wären, die er zur Diskussion gestellt. Aber mir schwindelt, wenn ich denke, daß sie vor Popularen, vor Ungelehrten, d. h. vor geistig Wehrlosen gelehrt, in Predigt und Seelsorge aufgenommen wurden. Thesen wie diese: du ehrst Gott, wenn du auf Lohn und Himmelreich verzichtest – oder: Gott hat auch deine Sünde gewollt . . . Ich glaube, ich erschiene meinen Beichtkindern als böser Geist, wenn ich sie so anspräche mit einem Freipaß zur Sünde.

Das ist das tief Gefährliche an ihm, daß er es in die Vorstellungen der heil'gen Lehre einbezieht und gar nicht merkt, daß sie ihn nicht mehr trägt, daß er sie fast herbeizwingt, sich selbst in ihr zu Hause glaubt und ganz gewiß kein Ketzer sein will, wie er sagt, im Gegensatz zu anderen Ketzern. Sie ist so etwas wie sein Schattenkind, von dem er weder loskommt, noch ihr vom Standpunkt des Fachtheologen her Genüge tun kann.

Ich denke oft, nicht das ist unsre Gefahr, daß wir das Heilge Land noch immer in den Händen der Heiden wissen, daß sie uns ihrerseits bezwingen: die Avicenna und Alfarabi, Averoës und nicht zuletzt, wenn auch kein Araber, der Rabbi Moses.

Am Hof des letzten Staufers in Sizilien begann es mit ihren Übersetzungen. Thomas kam von Neapel, des Staufers Universität[88], fand sich mit Albertus. Und wie auf neuen Pfaden ergriffen sie die überflutend neue Geisteswelt. Sie waren groß, sie kannten ihre Grenzen, sie nahmen die Methoden an und die Erkenntnisse und blieben Christen. Dieser kennt sie nicht mehr. Er lebt in ihrer Welt. Nicht wahr, die beiden Thesen des Averroës, die unseren Glauben untergraben, sind seine Vorstellungen von einer ewigen Welt, die Gottes Schöpfungsakt verneint, und die andere von einem Einheitsintellekt, der in uns allen denkt! Hat man den einen Intellekt für alle im Hintergrund, kann man das Himmelreich des einzelnen entbehren, dann geht die Sünde im Willen Gottes unter – was weiß ich! Ich denke, Ihr habt mich trotz der Kürze verstanden. Ich brauche nichts hinzuzufügen. Es ist die Ansicht eines Menschen nur, sie möge niemals die des Ordens werden!«

Nikolaus von Straßburg (Lektor zu Köln): »Ihr wißt nicht, wie Unrecht Ihr tut, mit Euren bittren Worten! Gewiß hat er die Araber studiert mit wachem Geist, so wie wir alle, vielleicht ausführlicher noch. Doch was Ihr für unchristlich haltet, ist nicht Averroës oder Avicenna, Alfarabi oder Avicebron, ist auch nicht Moses Maimonides: Es ist nur Eccardus. Ist auch kein philosophisches Machwerk oder eine geistige Verwegenheit! Ist ein verborgnes Leben! Sein Leben, wie er es erfuhr. Sollte er's widerrufen, müßt er sein Leben widerrufen.

So ist es nicht nur die begriffliche Entwicklung, die an den Thesen fehlt, vielmehr dies, daß sie abgeschnitten sind von ihrer Welt, den Fragen, die sie beantworten, der Schwerelage, die sie voraussetzen, kurz von dem Leben, das dahinter steht.

Und was für ein Leben! Wenn ich dies Leben ein verborgnes nannte, so dachte ich an den Ausspruch des Paulus: Mein Leben ist verborgen in Christus, der in mir lebt. Habt Ihr Euch schon einmal überlegt, was Paulus damit gemeint haben könnte? Er hat es gewiß getan, er äußerte sich ähnlich: Unsere Seelen sind nicht nur zeitüberhoben, sie sind in Gott verborgen[89]. Damit meinte er natürlich die letzten Strömungen der Seele, das, was wir in unserer Seelenkunde die höchsten Kräfte nennen. Nun höre ich Euch sagen: ›Bruder Nikolaus, Du wolltest von seinem Leben sprechen. Nun kommst Du uns mit Glaubensvorstellungen.‹ Seht, das war das Eigenartige, daß diese unaussagbaren Verborgenheiten in uns für ihn eine lebenswarme Realität waren. Seine stärkste Realität! Er suchte sie immer und überall aufzuspüren als das eigentliche Leben in uns. Sie waren sein Lieblingsthema im Gespräch. Ich kann Euch gar nicht sagen, wie liebevoll er diese heimlichen Schwingungen in uns umkreiste, ihre Subtilität, den Weg, sie zu erfahren. Sie waren sein Lebenstrieb, aus dem er lebte, und die Erfahrungen, die er von daher machte, beglückten ihn so, daß er sie wie unter einem Beglückungszwang weitergab. Das alles durchschaute ich erst allmählig, als ich in Köln mit ihm zusammen war, vielleicht sogar erst, als mich die gleiche Bürde traf.

Als ich den Auftrag erhielt, sein Werk zu prüfen, glaubte ich mich ihm nicht gewachsen und wollte mich ihm entziehen. Ich hatte lange neben ihm gelebt, ich kannte seine Größe, bewunderte sie, wußte um meine Enge. Vielleicht war's um der Ehre willen, daß ich es annahm.

Dann erging die Anklage vom Erzbischof auf Ketzerei, dies Meisterstück der List! Wie eine Austreibung des Geistes schreckte sie mich, und ich empfand es als einen Angriff auf mich selbst, soweit ich Christi Jünger bin und seiner Welt gehöre. Ich wußte auf einmal, daß dieser – wenn auch um Grade unterschieden – mein Bruder war, der meiner bedurfte.

Als mich die Anklage dann selber traf, auf Beihilfe zur Ketzerei, war mir's fast wie eine Genugtuung, daß ich die Schande, die man ihm zugedacht, zu einem kleinen Teile mittragen sollte. Eingehender noch als bisher nahm ich sein Werk auf, arbeitete mich ein, und seine Worte wurden mir transparent. Ich sah ihn selber darin in kleinen wie in großen Zügen.

Ich habe es mir nicht leicht gemacht, Brüder, sein Werk zu prüfen, und Eure Zweifel, die Ihr hier vorbrachtet, waren oft auch meine Zweifel. So beispielsweise der soeben angedeutete des Bruders Notar an der These, daß die Gott ehren, die keinen Himmel fordern – ein Widerspruch in sich selbst, wie mir schien, denn beides ist doch identisch, das eine ergibt sich aus dem anderen, als dessen Lohn und Folge.

Laßt mich den Text, so wie ich ihn im Gedächtnis habe, noch etwas vervollständigen: ›Wer sind die, die Gott ehren‹, fragt er und antwortet, ›die nichts ihr eigen nennen und es auch nirgends suchen, weder unter sich, noch neben sich, noch über sich‹. Und dann wird aufgezählt, was dieses Eigene ist, das sie suchen könnten, wenn sie Gott zu ehren glauben: ihr Hab und Gut, ihre Ehre, Behaglichkeit, Freude, Erbauung, Heiligkeit, Himmelreich.[90] Ich muß bekennen, daß mich diese Forderung in Verwirrung brachte. Sie bestand wohl darin, daß sie zu einer Selbstprüfung zwingt, die niemand besteht, denn wer von uns könnte auf alle diese Wünsche verzichten. Könnte er's aber, käme er in ein Glaubenschaos. Ich hatte lange darüber nachgedacht, wann wir noch Lohn von Gott erwarten könnten und wann nicht mehr. Auch fragte ich mich, wieviele es wohl noch wären, die Gott ehrten, wenn's keinen Wunsch zum Himmel und keine Furcht vor Hölle und Fegefeuer mehr gäbe. Vielleicht nur ihn? Oder auch ihn nicht einmal? War es vielleicht Vermessenheit, ein allzuweit getriebenes Gedankenspiel? Aber kämpft ein Greis an der Schwelle des Grabes für ein Gedankenspiel? War in seinem Leben irgendwo Vermessenheit greifbar.

Ich durchdachte diese Forderung mit wachsender Gewissensspannung. Sie verlangte die äußerste Ehrlichkeit von mir: Wieweit handelte es sich bei meiner Hingabe an Gott wirklich um eine Hin-gabe, wieweit waren nicht nur Hab und Gut, Ehre, Geborgenheit, nein, auch jene hochgeistigen Zustände, für die die Wertvollsten unter uns ihre Gesichertheit, ja, ihr Leben geopfert: die Heiligkeit und das Himmelreich noch immer Eigenwünsche? Ich sah alle Lebenswerte, die mir lieb geworden waren, zutreiben auf einen permanenten Selbstverzicht, an dem sie als verhüllte Egoismen zerschellten, und es schauderte mich vor diesem Grade der Wunschlosigkeit.

Waren sie wirklich Egoismen? Und selbst wenn sie es wären, konnte ein Leben ohne Wünsche überhaupt gelebt werden? Was blieb an Lebenswerten, die man noch anerkennen durfte? Denn selbst wenn man alle Festen als Hülle erkannte, die man vielleicht bis zu einem bestimmten Entwicklungsgrad brauchte, dann aber ihrer entwuchs, wo war das Gesicht, das dahinter auftauchte, das letzte verborgene Gesicht?

All diese Fragen durchkreisten mich in aufregender Folge. Weiter half mir eigentlich nur das persönliche Gespräch, das sich auf meine dahingehenden Fragen zwischen uns entspann. ›Eins hast Du sicher falsch verstanden‹, sagte er, ›natürlich achte auch ich alle diese Gottesgaben, von denen da die Rede ist, und gönne sie jedem, der sie besitzt. Nur soll man sie nicht fordern als Gegenleistung für seine Ehrerbietungen, so als wollte man dadurch mit Gott ins Geschäft kommen, wenn man ihn ehrt. Gottesdienst ist Hin-gabe seines Selbsts und nicht Aufrechnung seiner Wünsche.‹

›Schön und gut, Eckhart‹, sagte ich, ›so lange Du in der Theorie bleibst, mag das angehen, aber ich bin ein Praktiker. Warum sind wir ins Kloster gegangen, warum führen wir ein armes Leben, warum verzichten wir auf die Annehmlichkeiten der Welt, wenn nicht letztlich, um den Himmel zu erlangen? Meinst Du, daß wir für unser Opfer keinen Lohn erwünschen dürften?‹ ›Dem Vollkommenen ist Gottes Wesen in ihm Lohn genug‹[91], antwortete er. ›Du weißt‹, erwiderte ich, ›daß keiner vollkommen ist, daß aber das Wesen Gottes in uns wohl nur dieser Vollkommene erfassen kann, den es gar nicht gibt.‹ ›Und doch hat Christus verlangt: Ihr sollt vollkommen sein. War er ein Träumer oder konnte er unsere Möglichkeiten nicht abschätzen oder hat er uns ein Ziel gesetzt, von dem er wußte, daß wir es nicht erreichen können? Dann betrügen wir uns selbst, wenn wir ihm nachfolgen. Man soll unser Lebensopfer, von dem Du sprachst, gewiß nicht schmälern und für klein halten. Aber ist es darum schon eine Nachfolge, weil wir ein armes Leben führen und predigend von Ort zu Ort ziehen und mit Sandalen an den Füßen wandern, wenn wir uns um seine höchste Forderung ›seid vollkommen‹ herumdrücken, sie totschweigen?‹ ›Ich weiß, Eckhart‹, sagte ich, ›daß sich fast all Deine Forderungen, die Du aufstellst, an den Vollkommenen wenden und daß gerade daher, weil sie der Unvollkommene, ja, der allzu Unvollkommene auf sich bezieht, soviel Mißverständnisse entstehen. Aber sage mir ganz konkret, wo ist Dein Vollkommener, wo in aller Welt?‹

›Wen Du mit dem Vollkommenen einen Menschen ohne Fehl meinst, kann ich ihn Dir nicht nennen und danke Gott, daß es ihn nicht gibt. Wie sollte er der Gefahr des Hochmuts entgehen, dem selbst der Engel verfiel? Nein, dieser Vollkommene ist ein Zustand und eine Möglichkeit des Menschen. Wir kennen sie mit Sicherheit eigentlich nur vom Herrn. Das entscheidende Christus-Erlebnis, das ihn umschreibt, scheint mir gekennzeichnet durch seine Worte: der Vater in mir tut die Werke. Ich wirke, was er mir eingibt. Dies Gotteserlebnis in ihm war seine Vollkommenheit, denn ein Mensch kann nicht vollkommen sein, das kann nur Gott in ihm. Sein Werk als Mensch war sein Selbstverzicht, seine ganze Hin-gabe an das wirkende Wesen Gottes in ihm. Beim Paulus können wir das Überwältigtwerden vom Wesen Gottes in ihm – mit meinen Worten zu sprechen, die Sohngeburt in ihm – fast miterleben. Vor diesem überflutend neuen Leben wird alle Wunschwelt bedeutungslos. Beide waren bereit, nicht nur zum Sterben, auch zum Weg in die Hölle.

Nun meine ich, es gibt mehr Menschen, als wir wissen, mit einem Christus-Erlebnis in sich, unterschiedlich in seiner Stärke, Fassungskraft, Beharrung, aber doch vor dem einflutenden Leben zur Selbsthingabe fähig. Diese ehren Gott. Wir sollen seine Nachfolge antreten, soweit uns Gott nur immer dazu befähigt und uns vor ihrer letzten Tiefe nicht fürchten oder sie umgehen wie ein Verbotsthema.‹

Ich möchte Eure Zeit nun nicht länger in Anspruch nehmen durch den Bericht weiterer Gespräche, die wir führten. Ich habe die Ergebnisse ja auch in meinem Gutachten verwertet. Erlaubt mir nur, daß ich abschließend noch eine kleine Geschichte anführe, die vielen von Euch bekannt sein wird. Da war in Griechenland ein heidnischer Meister: Archimedes. Er saß vor seiner Tür und sann über einen neuen Wert der Arithmetica und malte seine Ergebnisse mit einem Stabe in den Sand. Er war in seine Arbeit so vertieft, daß er nicht merkte, wie seine Vaterstadt – bisher belagert – vom Feinde erobert wurde, und als ein fremder Landsknecht auf ihn zutrat, sagte er nur: ›Störe mir meine

Kreise nicht.‹ Der Söldner stutzte, konnte sich nicht erklären, warum er sich nicht rettete, hielt ihn für außer Sinnen und stieß ihn nieder.

Der Landsknecht hatte in seinem Leben immer nur die Außenkräfte der Seele geübt; der Verstand war ihm wohl gegeben, aber er gebrauchte ihn untergeordnet im Dienst der niederen Kräfte. Hätt' ihm der andere selbst gesagt, welchen Wert er suche und welche Überlegungen er angestellt, um ihn zu finden, er hätte sich die Ohren zugehalten und allenfalls gesagt: ›Freund, Du spinnst, das glaubst Du selber nicht, daß man das alles denken kann. Ich sehe nur Kreise im Sand.‹

Der Archimedes lebte aus dem Schwergewicht seiner Verstandeskräften. Bei ihm hatten die Hände nur eine dienende Funktion. Sein Geist war so eingezogen, so ohne Wunsch nach außen, so einhellig auf den gesuchten Wert gerichtet, daß er die Gefahr, in der er stand, gar nicht bemerkte.

Wenn wir nun schon schwer verstehen können, daß sich einer in eine irdische Aufgabe so versenken kann, daß er seine Umgebung nicht wahrnimmt, um wieviel weniger können wir ein Leben ermessen, das Gott in uns wirkt, das nach uns greift, nicht wir nach ihm. Dem man nicht nachjagen kann mit seinen Wünschen wie einer Beute oder es erdenken wie eine Formel der Arithmetica; ein eigentümlich eigenfernes Leben; in unsrer Weltsicht fast ein Widerspruch: die Darbringung als Existenzform.

Ich sprach zu Anfang über die höchsten Seelenkräfte. Wir wissen alle von ihnen. Wenn aber einer von uns sie erfährt und ihre Werte uns zureicht, so gut er's kann, dann steht Ihr da wie vor den Kreisen der Archimedes und sagt: ›Bruder, Dir hat Luzifer das Hirn umnebelt. Wir hören nichts als Lügenmären aus eines Menschen Mund.‹

Was soll er tun? Soll er die Kreise löschen, weil Ihr das Leben nicht entziffern könnt, das darin kreist? Ich bitte Euch, Brüder, habt Ehrfurcht vor einem verborgenen Leben! Was sage ich, nehmt es nur an als eine Möglichkeit des Lebens. Denn ob Ihr dieses Leben anerkennt, ob nicht, darauf kommt alles an.

Unser Herr hat viele Anbeter, aber wenig Nachfolger; manchen Jünger, aber nur einzelne, die ihm verschwistert wären.

Wenn aber dieser die Schwelle seines Reiches überschreiten wird, ich mein, er käme ihm entgegen und grüßte ihn: Dieser, mein Bruder, ist heimgekehrt.«

Barnabas von Vercelli (Ordensmeister der Dominikaner): »Wir sind Euch tief zu Dank verpflichtet, Bruder Nikolaus, daß Ihr für Euern Altersfreund und Amtsgefährten Worte so hohen Verständnisses fandet. Wir haben Euch wohl verstanden und würdigen Eure Argumente. Es sei fern von uns, irgendeinem zu verwehren, Wahrheiten, zumal göttliche Wahrheiten, zu erforschen bis zu jenem Grade seelisch-geistiger Tiefe hin, zu dem er nur immer vorzudringen vermag – selbst auf die Gefahr hin, an die Grenze des gewohnten Glaubens zu stoßen, denn eine ganze Hingabe gebot uns St. Dominicus und nannte sie unser Rüstzeug im Ketzerkampfe.

Ein anderes aber ist es, eine Wahrheit zu finden, ein anderes, sie weiterzugeben. Als ich Euch hörte, drängte sich mir die Frage auf: Darf man Subtilia des Glaubens wie diese frei verkünden? Man sollte meinen: warum nicht? Die Gläubigen verlangen, ja, dürsten danach. Warum sollte man sie ihnen vorenthalten? Verschweigen wir uns nicht, daß er z. T. ganz neue Sichten und Wertmaßstäbe aufstellt, äußerst gewagte Erkenntnisse! Die Gefahr des Mißverständnisses, der Irreleitung, ja selbst der groben, gewissenlosen Umdeutung liegt nur zu nahe. Was hat es Euch schon für Mühe gekostet, Bruder Nikolaus, Euch hineinzuleben! Und hier, unter uns, wie sehr gingen die Meinungen auseinander vom schwersten Vorwurf bis zur höchsten Zustimmung! Darf man Erörterungen darüber Ungelehrten anvertrauen? Gehören sie nicht vielmehr vor das Forum der Gelehrten? Zum anderen muß zugegeben werden, daß die Fähigkeit, sie aufzunehmen oder nicht aufzunehmen bei den einen wie bei den andern liegt. Ich gestehe, daß es mir schwer fällt, die Frage zu entscheiden. Vielleicht kann man sie wirklich nur mit einer Hingabe an Gott beantworten, die unbegrenzt sein müßte.

Für unsere Haltung als Orden, als der wir Stellung beziehen müssen, meine ich, daß wir die Dinge einfach beim rechten Namen nennen, sie als das bezeichnen, was sie mir nach der

Darstellung des Bruders Nikolaus in Wahrheit doch nur zu sein scheinen: Subtilia des Glaubens und wesensmäßig keine Ketzereien; jedoch vor jedermann gelehrt und dargelegt und somit der Verzerrung preisgegeben und dies als das Verwerfliche daran ansehen, das wir bedauern und in Zukunft verhindern werden. Ob man uns diesen Standpunkt abnimmt und die Folgerungen daraus zieht, d. h. ob er eine Verurteilung verhindern kann, ist eine andere Frage.

Doch meine ich, wir nehmen dieses Thema erst in Toulouse auf beim Generalkapitel in St. Romanus. Dafür ist unser Kreis zu klein. Auch scheinen mir die Fragen des Paters Prior, soweit das möglich ist, beantwortet bis auf die letzte. Sie scheint mir weniger vordringlich. Ich stimme mit Euch überein, daß der Magister überzeugt war, daß seine Lehre recht sei und letztlich auch für recht befunden werde. Vielleicht hat er noch an die Verurteilung des einen oder anderen schlecht formulierten Satzes gedacht, doch kaum an die Möglichkeit, daß diese Sätze ihre Werke nach sich ziehen könnten. Jedoch er hat sich bereit erklärt, was ungesunden Sinnes an seinem Werke sei, zu widerrufen[92]. Was bei dem Urteilsspruch für ungesunden Sinnes erklärt wird, wissen wir nicht. Wir wissen auch nicht, ob es mit dem, was er für ungesund hielte, übereinstimmt. Wir können wohl nur eins versuchen: die Verurteilung noch zu verhindern. Vielleicht in der vorgeschlagnen Form. Oder seid Ihr andrer Meinung? Ich stelle die Frage hiermit zur Diskussion.

5 DER UNSICHTBARE FREUND

Konrad von Halberstadt: »Der Puls geht Euch gelinder, Bruder Eckhart, und auch das Fieber scheint sich gelegt zu haben. Sie sagen, der Mistral soll eine andre Richtung genommen haben.«

Meister Eckhart: »Wenn irgend etwas mich beruhigt hat, so war's die Landschaft hier. Die Abschiedsfeier, die sie mir bereitet, als wollte sie durch meinen Geist in Gottes Geist eingehn. Zuerst war sie mir ganz fremd, die Landschaft um Avignon. Doch seit mich das Fieber ergriff, und ich sie hier vom Fenster des Spitals betrachten kann, enthüllte sie sich mir. Nicht nur der tiefe, grün-blaue Himmel mit der weißen Wolkenbildung des Windes. Sieh hier, das langhaarige dunkel-saft'ge Gras – wie Paradiesesgras. Das Bäumchen mitten drin! Im Hintergrund die blauen Berge, wo Adler nisten mögen. Und doch wird diese Landschaft nur von einer Stelle aus beherrscht. Die Seele dieser Landschaft, das ist die glänzende, schwarzgrüne Zypresse, die alle andern Bilder überragt. Sie ist auch recht wie eine Seele beschaffen: am Boden breit, ausladend, vielgefältet – ein Doppelbaum – ein zweiter, der sich an sie anlehnt und sie ein Stück begleitet, so lange sie der Erde nahe ist. Aufsteigend wird sie einsam, entfernt sich vom Buschwerk, überwächst die andere und wird ganz plötzlich schmal, wird immer schmaler, verloren in der eignen Schmalheit in schwindelnd-steiler Höhe und ragt nur noch empor, ist nur noch Spitze. Man möchte meinen, daß sie unsichtbar noch weiter ragt, nur ragt, nur Aufstieg ist, das Spiegelbild des Irdischen zurückläßt.«

Meister Eckhart: »Als Ihr ein Stündchen eingeschlafen wart, kam eine Abordnung vom Kloster, um eine Bitte Euch vorzutragen, wie es beschlossen wurde im Konvent gemeinsam mit den Oberen des Ordens, die sich zur Zeit hier aufhalten. Sie wollen wiederkommen.«

Meister Eckhart: »War unser Provincial, Heinrich von Schwan[93] bei ihnen?«

Konrad: »Bei denen war er nicht. Es war der Pater Prior und der Notar. Doch kam er ein wenig später allein und bat Euch mitzuteilen, er hielte sich dann in der Nähe, falls Ihr ihn wünschen solltet.«

Meister Eckhart: »So bitte sie gemeinsam mit ihm herein, sobald sie da sind.« Ich weiß es jetzt: Man *kann* es ihnen gar nicht sagen. Mann kann's nur denen sagen, die in den gleichen Wohnungen des Herrn zu Hause sind wie wir. Für die hat's Heimatlaut, den andern klingt's verworren.«

Konrad: »Wenn alle guten Willens sind, so wie Ihr sagtet, sollt es nicht eine Brücke geben auch zu ihnen?«

Meister Eckhart: »Ja, Freund, die gibt es wohl! Die letzte Brücke! Auf der man auch die Quäler in Lichtform schaut.«

Konrad: »Und sie? Verspürten sie's?«

Meister Eckhart: »In ihrer Gottesfärbung!«

Konrad: »Ich wollt', Ihr wärt bald wieder so weit, daß wir an's Schreiben gehen könnten und an die Arbeiten, die wir uns mitgenommen hatten.«

Meister Eckhart: »Sag, Konrad, wenn ich nun den weiten Heimweg – die Rhône hinauf, dann die

Loire, die Somme, den Wasgenwald und dann den Rhein – wenn ich ihn nun mit meinen Kräften nicht mehr bestreiten könnte, auch wenn man mir ein Roß gestattet, getrautest Du Dich wohl, mein hinterlassnes Werk alleine in die rechte sinngemäße Reihenfolge zu bringen? . . . Beim Johanneskommentar ist es am leichtesten, da brauchtest Du nur den Gang der Kölner Vorlesungen einzuhalten. Doch die Genesis-Auslegung, der Liber parabolorum, der Liber exodi und das andere, an dem wir oft noch nach der Wanderung abends im Gastkloster geschrieben haben – Randbemerkungen, eingelegte Blätter, was es auch sei, wenn auch die Stelle, wo es hinkommt, deutlich gemacht ist, so kann man sich doch nur nach dem Sinnzusammenhang orientieren. Sag, trautest Du Dir zu, es alles in die rechte Reihenfolge zu bringen?«

Konrad: »Ich würde mir zuerst wohl eine Tabula anlegen und mir dabei die Arbeitsstunde vergegenwärtigen und dann die Schreibung ausführen.«

Meister Eckhart: »So hast Du auch schon drüber nachgedacht. Wenn Du es unternimmst, lasse Dir Zeit, damit Du nichts veruntreust. Du darfst da keinem verantwortlich sein für das, was Du zuwege bringst. Wenn Du wieder in Köln bist, so bitte unsern Prior in meinem Namen, daß er Dich in ein anderes Kloster versetzt. In Köln kann Deine Arbeit nicht unauffällig und mit der Ruhe, die Du brauchst, geleistet werden. Der Virneburger ist zu gefährlich. Vielleicht gehst Du nach Trier. Irgendwohin, wo Du es alles in Ruhe zur Reinschrift bringen kannst. Für Dich ein recht entsagungsvolles Amt.«

Konrad: »Bittet für mich, daß ich die heilige Aufgabe leisten kann.«

Meister Eckhart: »Ich denke oft, es mag dem Herrn eines der schwersten Opfer gewesen sein, sein Lebenswerk verwaist zurückzulassen.«

Konrad: »Es klopfte eben, Bruder Eckhart.«

Meister Eckhart: »So öffne. Und wenn die Herren gegangen sind, so frage nach, ob was zu schreiben ist.«

Konrad: »Ich bin es, Bruder Eckhart! Bemerkt Ihr mich nicht? – Der Puls geht ihm wie nie zuvor! – Beruhigt Euch, Meister! Seht die Zypresse, wie sie emporragt über's Buschwerk . . .«

Der unsichtbare Freund: »Eckhart!«

Eckhart: »Unsichtbarer?«

D. u. Freund: »Bist Du zu einem letzten Demutsdienst für mich bereit?«

Eckhart: »Wenn Du mir Willen dazu gibst!«

D. u. Freund: »Alles hast Du gelassen, woran das Herz der Menschen hängt: Elternhaus, Jugend, irdische Liebe, den Wunsch, ein sündeloser Mensch zu sein. Und hast auf Dich genommen: die Last der Ämter, die Schmähungen der Gegner um meines Werkes willen in Dir und – was noch schwerer wog – die Schmähungen des Ordens durch Dich. Und hat Dir weh getan wie je ein Schmerz der Welt.«

Eckhart: »Unsichtbarer Freund, was ist es, das Du von mir forderst?«

D. u. Freund: »Gib mir Dein Werk zurück!«

Eckhart: »Mein Werk ist nicht mein Werk. Mein Werk ist Dein Werk. Ist Dein Sohn in mir. Soll ich den Sohn Dir wiedergeben, so müßt ich Dir Dich selber wiedergeben.«

D. u. Freund: »Gib mir den Sohn zurück!«

Eckhart: »Den Sohn hast Du mir selbst geoffenbaret und zog seitdem mein Leben all in sich. Soll ich den Sohn Dir wiedergeben, bin ich ein Wesenloser.«

D. u. Freund: »So willst Du auch ein Dieser oder Jener sein? Oder hast Du die Absicht zum allerletzten Willen Gottes?«

Eckhart: »Vernichtender, willst Du noch nichten, was Du selber auftrugst? Soll ich retten Dein Werk auch noch vor Dir? Oder Dich vor Deinem Werk, das meine Züge trägt?«

D. u. Freund: »Was retten? Kannst Du retten, was mein ist? Ins Zeitenlose schon Dich überwächst?

Eckhart: »Kann ich retten, was Dein ist? – – – Wie Schuppen fällt's von meinen Augen! Dein ewig Schöpfungswerk in mir, an dem ich eine kleine Weile mitschöpfen durfte, so daß es erdenfarbig wurde in mir – wohin könnt ich es retten als in Dich? – Unsichtbarer, der Du dem Demütigen nahe bist, nimm an Dich Dein Werk in mir. Ich hatte Dir niemals Größeres darzubringen! – – Konrad, melde den Herren Konfratern, daß ich zu einem *Demutsopfer* bereit bin, wenn sie *das* meinen sollten?«

Konrad: »Was sagt Ihr, Bruder Eckhart? Ihr seid bei hohem Fieber. Wartet noch, bis Euch wieder klar ist der Verstand!«

D. u. Freund: »Entäußerter, wachs in mich ein.«

Eckhart: »Die Stacheln Deiner Krone in mir vibrieren sternenlichtig: erleidend Blöße, die auf nichts mehr aufliegt. – – –

Herr, meine Atemzüge sind wie der Saft des Weinstocks, mit dem Du Deine Reben schwer durchrinnst! – lebendig Wasser –

Herr, ich bin nichts als eine Eierschale, längs in zwei Teile Dir zerspalten!

In mir pulsiert eine Wesenheit aus übermächtiger Erleidekraft statt meiner – mich ausgebärend –.
Durcksterbe mich, daß Heilger Geist aus meinen Schmerzen breche bei der Geburt in Deinen Glutengrund.
Es ist nichts als Gott!«

Notar: »Eh bien, Confratre Conrad, nous sommes venuz pour fixer le document . . .«

Konrad: »Der Meister ist soeben verschieden!«

Notar: »Oh, quel malheur! Mais quand à vous, Confratre Conrad, qu'est ce que cet, c'qu'il vous at dit?«

Konrad: »Der Meister stammelte im höchsten Fieber einige Worte, die ich kaum verstand. Es war die Rede da von einem Demutsopfer, wie ich Euch sagen ließ. Wie er's gedeutet wissen wollte, wag ich nicht zu entscheiden.«

Notar: »Situation très difficile! Alors, était-il héritique? N'était-il pas?«

Heinrich de Cigno: »Seht sein Gesicht! Richtspruch der Ewigkeit! – In ihren Söhnen triumphiert die Wahrheit über die Erdenschwere der Welt. Ihr Wahrgehalt in ihm wird unser Urteil überdauern. – Wir aber täten gut, dem großen Toten unsres Ordens die letzte Ehre zu erweisen.«

Konrad: »Wenn ich das Totenamt für meinen Meister zelebrieren dürfte?«

Heinrich de Cigno: »Wir bitten Euch darum, Konrad von Halberstadt.«

Konrad: »Miserere mei Deus secundum magna miseriacordiam tuam . . .«[94]

6 DAS GESPRÄCH

Anne: »Ich habe Deine Weisung befolgt, Meister, und bin darüber alt geworden. Doch mein Geheimnis blieb unausgesprochen. Nun ist mit Deinem Tode das Gastrecht, das Du ihm gewährtest in Deinem Wort, erloschen, und meine Frage, wie ich es bezeugen soll, steht neu und unausweichlich vor mir auf.

Ich bin gewachsen an dem Herrlichen, das mir widerfuhr, mein Leben kreiste darum. Doch seine Forderung an mich blieb uneingelöst. Und hätte doch mein Leben dran gegeben, sie zu erfüllen. Kannst Du es mit mir weitertragen auch nach dem Tod? Ich habe nicht das Maß an Menschentum, es auszusagen und darf es nicht vertun.

Oft ist es mir, als käme Dein letztes Schicksal auf mich zu auf meine Lebensform begrenzt. Ich glaube, ich weiß jetzt, wie sie Dir in Avignon entgegentraten. Sie haben Dir Deine Leistungen bescheinigt und Deine besten Absichten und Deine Liebe zur Sache. Doch das, worauf es einzig ankam, Dein Werk, haben sie Dir nicht abgenommen. Das hätte sie zu stark aus ihrer Bahn geworfen, denn sie hätten Deinen Tiefgang nachvollziehen müssen. Du konntest unter ihnen nicht Wucher treiben mit Deinen Pfunden, weil sie nicht gefragt waren.

Ich weiß jetzt, Meister, warum Du die Ungelehrten so liebtest und den Ketzern so gerne Rede standest. Weil sie Dich anhören konnten, ohne die Wand des Mißtrauens vor Dir aufzurichten. Ich weiß, warum sie Dich liebten. Weil Du in Worte fassen konntest, um was ihr Leben kreiste. Mehr noch, weil Du sie einbezogst in Deinen Aufstieg zu Gott. Denn Deine Worte waren nicht Mitteilung, sondern Aufnahme. Bis sie Dich selber aufnahmen, doch nicht in ihren Aufstieg. In ihre vielleicht oft letzte Not: Nicht aussagen zu dürfen oder zu können, was Gott von ihnen forderte. Manchmal taucht eine Frage in mir auf, die ich nicht beantworten kann. Ist es vielleicht mein Weg, es ungelautet auszusagen? Allein durch eine Furt der Stille zu antworten der Furt des Lichts?«

Der Meister: »Das innere Werk, das Gott in Dir wirkte, kann nicht vernichtet werden, und seine Forderung ist niemals erfüllt. Sie kennt kein ›getan‹. Sie ist immer im Anfang, immer im Jetzt. Wenn Dein Mund verhindert wird, es zu bezeugen, wenn Du keinen erreichst, bleibt es Dir selber Organ des Unaussprechlichen und spricht aus Dir, soweit es Dich durchlebt.«

7 DIE GESEGNETE STILLE[95]

An der Zellentür des Bruders Heinrich Seuse klopfte es kurz und hart. Der Ordensmann, der eintrat, war ihm wenig bekannt. Er hatte in der Zeit seiner Abwesenheit hier an der Schule gewirkt und war dann mit einer anderen Aufgabe betraut worden.

»Welch eine Überraschung, Hochwürdigster! Ich wußte gar nicht, daß Ihr wieder hier seid. Bringt Ihr uns Neues mit?«

»Ich habe Kunde aus Avignon durch einen Boten, der an den Dominus von Köln entsandt ist.«

»Und welche Kunde?«

»Es steht schlecht um die Sache des Magisters.«

»Aber der Meister ist doch tot.«

»Uns schien es auch, als ob der Heilge Vater es damit bewenden lassen wollte. Aber der Dominus von Köln bestand auf einem Urteil auch nach dem Tode.«

»Und nun?«

»Und nun hat er das Urteil über ihn gesprochen: Achtundzwanzig der ausgezognen Sätze für ketzerisch oder der Ketzerei verdächtig erklärt und alle Werke, in denen diese Sätze stehn – und sie verteilen sich fast auf das ganze Werk – dem gleichen Urteil unterstellt. Wer sie anerkennt oder hartnäckig verteidigt, gilt als Ketzer oder der Ketzerei verdächtig und wird als solcher verfolgt.«

»Das scheint mir ungeheuerlich! – – – Sind es die Sätze, die Hermann vom Dome auszog?«

»Sie waren die Grundlage.«

»Dann war der Heilge Vater falsch beraten! Vielleicht hat er sie für Leitsätze genommen, wo sie doch nur Auszüge waren, wenngleich von ungewöhnlicher Erkenntnis.«

»Das ist es ja, der Meister wollte mehr aussagen, als nötig war. So ähnlich wird's auch formuliert.«

»Vielleicht hatte er nur die Wahl, es auszusagen oder lebendig tot zu sein.«

»Wie dem auch sei, der Orden muß daraus die Konsequenzen ziehn. Wir dürfen seine Lehre nicht mehr weitergeben.«

»Des hohen Meisters Lehre nicht mehr weitergeben?«

Für solche wie Ihr ist noch ein Zusatz angeführt. Er habe am Ende seines Lebens widerrufen.«

»Hat abgeschworen seine Lehre?«

»Das wohl nicht, aber in einem Dokument, worüber ein Protokoll besteht, in Bausch und Bogen widerrufen, was ungesunden Sinnes an seiner Lehre sei, soweit es diesen Sinn betrifft.«

»Ach so, so ähnlich hat er es in Köln auch formuliert.«

»Er hat die Entscheidung darüber dem Papste zuerkannt.«

»Wem sollte er sie auch zuerkennen? In Köln wollt er es selber tun: es immer wieder berichtigen und widerrufen, was widersinnig verstanden wurde und seine Lehre entstellte. Aber wenn sein Ende nahe war! – Ein schreckliches Geschick, das auf ihm lag, daß sie sich seiner bedienten, die Gotteswilderer, um ihre Blasphemien mit seiner Lehre zu decken, daß jedermann das Unverstandene mit seinem Geiste füllte und dann verurteilte oder anerkannte, wie's ihm beliebte, und nun wohl auch die Richter von Avignon! Es ist, also ob er seine Nähe zu Gott mit den Verdächtigungen der Menschen bezahlen mußte. Erst jetzt versteh ich, wie er's meinte, daß es ihm genüge, wenn seine Wahrheit vor Gott gerecht befunden werde.[96] Es gibt Zeiten, wo man nur sein Gewissen zum Richter machen kann.«

»Gott spricht durch seine Beauftragten, und diese haben entschieden.«

»Er spricht durch seine Boten, und er war einer von ihnen.«

»Und woher wißt Ihr, daß seine Lehre in Gott begründet war? Der Heilge Vater hat seine Sätze für Einflüsterungen Luzifers erachtet.«

»Ich habe eine Gewißheit dafür.«

»Was wollt Ihr damit sagen?«

»Ich habe seinen Tod im Traumgesicht gesehn, und daß er einging in die bloße Gottheit.«[97]

»Ich sehe, daß ich die Obrigkeiten recht beriet, als ich darauf bestand, Euch von der Ausübung des Lektoramtes zu entbinden. Es war das Mindeste, was wir Euch auferlegen mußten. Ihr könnt Euch nicht von heute auf morgen von ihm lösen. Vielleicht hilft Euch die Zeit dazu.«

»Da seid Ihr wohl mein Nachfolger im Amte?«

»Einstweilen!«

So ähnlich, nur in viel größerem Ausmaße, mußte es den Meister überkommen haben, als man ihn der Häresie bezichtigte, dachte der Seuse. Sein Lektoramt war für ihn nicht irgendein Posten oder der Lohn für ein langes Studium, es war ihm wie eine Bestätigung, daß er auf dem rechten Wege sei, ja, wie die Frucht, die aus den unsäglichen Leidens- und Marterjahren verworrner Gottessuche hervorgegangen war und ihm Gelegenheit gab, das Wunder seiner Verwandlung weiterzugeben. Und nun forderte Gott es von ihm zurück! Durch diesen Ahnungslosen, der da stand und seine Regungen belauerte.

Es war die große Stille, die in ihn einzog, an der er die Anwesenheit eines Dritten zu erkennen meinte: die tiefe, ruhige, gesegnete Stille, die er in der Nähe des Meisters empfunden hatte, jetzt bis zur Undurchdringlichkeit verstärkt. Es war nicht nur die Lautstille, es war die Verdichtung einer nicht mehr im Lautfeld des Irdischen stehenden Gegenwart. In ihr stand er ganz fest. Wuchs aus ihr. Wußte, daß er unabhängig war von der Anerkennung und von der Schmach der Welt. Mehr noch: verstand die Schmach des Meisters, ja, auch die Schmach des Herrn neu. Doch nicht als Schmach, als Ausdruck ihrer letzten Darbringung.

Der Seuse sah auf sein Gegenüber. Kaum merklich schien dessen Gesicht verändert, oder sah er ihn nur anders als vorhin? Der befehlende Zug in dem vollen, wohlgeformten Gesicht hatte etwas Aufgesetztes, schien Ausdruck einer inneren Verlegenheit. »Und alle Werke, in denen diese Sätze stehn, gelten als ketzerisch oder der Ketzerei verdächtig . . .« formulierte er. Damit schien ihm der Bezirk hinreichend abgesteckt. Die stramme Gestalt kam ihm vor wie ein Mensch gewordener Wegweiser, der statt der geschriebenen eine tönende Aufschrift angab. Sie wies immer nur in die eine Richtung: in die Richtung der jeweils herrschenden Meinung.

Hatte er nicht auch einmal dem Meister gelauscht bei irgendeiner Gelegnheit und war von ihm ergriffen worden? Wie war es möglich, diesen Eindruck zu verwischen? Oder gab es noch andere Formen der Aufnahme? Vielleicht die einer flüchtigen ästhetischen Berührung oder einer Freude an der Wortkunst des Meisters oder überhaupt nur die Vorstellung, daß hier eine hohe Persönlichkeit sprach, der man um ihres Ranges willen schon Zustimmung zollte? Er hatte seine Welt nur in der Form des äußeren Scheines aufgenommen und war nie zu seiner mächtigen Wurzel vorgedrungen. »Wenn er an mir etwas davon verspürte, daß dies Welt *da* ist und daß sie echt ist und bindend, war's nicht bedeutungslos, daß ich ihm gegenüberstand«, dachte er. »Gott wirkt in größeren Zeiträumen.«

Als der Obere gegangen war, wußte der Seuse, daß es jetzt auf eins ankam, das Geschenk der kurzen Stille zu bewahren. Er durfte sein geliebtes Amt nicht mit einer versteckten Anklage hergeben oder ihm wehleidig nachtrauern. Er mußte sich von ihm ledigen, innerlich von ihm frei werden und sich dem Unbekannten öffnen, das dem Entzug beigegeben sein mochte.

Er räumte seine Arbeitspapiere zusammen und ging in die kleine Kapelle, in der er sich zuweilen zu einer Ruhestunde[98] einfand. Dahinter verbarg sich mehr, als der Name vermuten läßt: eine Entlassung aus sich selbst, eine Versenkung. Er hatte den Meister einmal gefragt: »Wie seid Ihr dahin gekommen, von Euerm Eigenwillen frei zu werden und Euch dem Innenwerk in Eurer Seele zu öffnen?« Darauf antwortete er ihm: »Kennst Du das Prophetenwort: ›Ich will sitzen und will schweigen und will hören, was Gott in mir spricht‹?[99] Genau so könnte ich Dir sagen: ›Das hat mein Stillesitzen bewirkt und meine Gottversenkung, wobei ich meinen Geist auf nichts aufruhen ließ, was weniger als Gott war‹.«[100] Dann hatte er hinzugefügt: »Es muß mit einer Stille verbunden sein und einem Schweigen, der ganzen Leib- und Seelenstille, zu der Du fähig bist.« Seitdem liebte er diese Stunde.

In seine Zelle zurückgekehrt, suchte der Seuse in seiner Lade die Aufzeichnungen heraus, die er nach den Gesprächen mit dem Meister gemacht hatte. Da war es wieder, diese ständige Wehr nach beiden Seiten: gegen die Wilderer Gottes[101] und gegen die Torhüter Gottes. – Von dem Urteil des Heiligen Vaters konnte er ihn nicht befreien, aber vor der Gleichsetzung mit den Wilderern wollte er ihn retten. Eine Rechtfertigung, ein Büchlein für ihn schreiben, und es der Ordensleitung zustellen, vielleicht zur Weitergabe an höhere Instanzen. Er hatte ja jetzt Zeit! Hatte ihn Gott vielleicht deshalb von seinem Amt gelöst, damit er seinen Meister verteidigte? Er wollte es das »Büchlein der Wahrheit«[102] nennen.

Er wußte, was er damit auf sich nahm: Verdächtigungen und Verhöre, vielleicht gefährliche Wanderwege, um sich vor Ordensinstanzen zu verantworten, den Spott der Brüder über seine Einfalt, sich einer aussichtslosen Sache zu opfern, die Ausgesetztheit unter ihnen. Das Fußtuch fiel ihm ein. Aber die dunkle Schwere, die ihn erneut umgriff, war nicht mehr Vorahnung. Sie war ihre Einlösung: das Eingehen in eine tiefere Lebensschicht, die man nicht mehr als schwer empfand, wenn man sich in sie einbezogen wußte. Vielleicht barg sie für ihn Gestaltungskräfte, sein Büchlein darzubringen, den Dienst an seinem Meister zu vollziehn, der überfordernd-fordernd und unabweislich auf ihn zukam.

Bevor er sich an die Arbeit machte, suchte er sich noch einmal das Gesicht des Meisters zu vergegenwärtigen. Doch eigenartig, als er es vor sich zu haben glaubte, verwandelte es sich in ein anderes und dieses in ein drittes. Das letzte war ein kosmisches Gesicht, das groß und einsam im Kosmos stand. Von einem Haupte gingen Strahlen aus, seitwärts in breiten Wellen ins All, sonnenfarben.

ANMERKUNGEN

Die große Ausgabe der Werke Meister Eckharts erscheint unter dem Titel Meister Eckhart. Die deutschen und lateinischen Werke. Hrsg. im Auftr. der Deutschen Forschungsgemeinschaft. Verlag: W. Kohlhammer, Stuttgart. Sie begann im Jahre 1936 und ist bis heute noch nicht abgeschlossen. Sie erscheint in Lieferungen an Subscribenten. Sie umfaßt bzw. soll (nach Angabe auf dem Innendeckel der Lieferung Dt. W. 3. Lief. 1/2) umfassen:

Die lateinischen Werke

Erster Band

1. Prologi in Opus tripartitum, Expositio Libri Genesis et Libri Exodi secundum recensionem Cod. Amplon. Fol. 181 [E]
2. Prologi in Opus tripartitum
3. Expositio Libri Genesis
4. Liber Parabolarum Genesis

} hrsg. von Konrad Weiss

Zweiter Band

1. Expositio Libri Exodi, hrsg. v. Konrad Weiss
2. Sermones et Lectiones super Ecclesiastici cap. 24
3. Expositio Libri Sapientiae
4. Expositio Cant. 1, 6

} hrsg. von Josef Koch † und Heribert Fischer

Dritter Band

Expositio sancti Evangelii secundum Johannem, hrsg. v. Karl Christ †, Bruno Decker †, Josef Koch †, Heribert Fischer und Albert Zimmermann.

Vierter Band

Sermones, hrsg. v. Ernst Benz, Bruno Decker † und Josef Koch †.

Fünfter Band

1. Collatio in Libros Sententiarum, hrgs. v. Josef Koch †
2. Quaestiones Parisienses, hrsg. v. Bernhard Geyer
3. Sermo die b. Augustini Parisius habitus, hrsg. v. Bernhard Geyer
4. Tractatus super Oratione Dominica, hrsg. v. Erich Seeberg †
5. Sermo Paschalis a. 1294 Parisius habitus
6. Acta et regesta vitam magistri Echardi illustrantia
7. Processus contra magistrum Echardum

Sechster Band

Indices in opera omnia magistri Echardi

A. Index auctoritatum s. scripturae
B. Index auctorum
C. Index generalis rerum

D. Vocabularius latino-germanicus (lat. mittelhochdt.) de rebus philosophicis et theologicis

Die deutschen Werke
Hrsg. v. Josef Quint

Sie enthalten (bzw. es ist vorgesehen für) Bd. 1—4: Predigten und ab Bd. 5: Traktate. Wie ersichtlich, sind von den lat. Werken bisher Bd. 1 und 4 erschienen, Bd. 2, 3 und 5 im Erscheinen. Von den deutschen Werken sind bereits erschienen Bd. 1, 2 und 5; Bd. 3 ist im Erscheinen. — Die mittelhochdeutschen Werke enthalten anschließend, die lateinischen jeweils gleichzeitig eine neuhochdeutsche Übersetzung.

Zur Ausgabe gehören weiterhin die „Untersuchungen". Bd. 1: Josef *Quint:* Neue Handschriftenfunde zur Überlieferung Meister Eckharts und seiner Schule. 1940. Bd. 2: Josef *Quint:* Fundbericht zur handschriftlichen Überlieferung der deutschen Werke Meister Eckharts und anderer Mystikertexte. 1969.

Sodann sei hingewiesen auf die Erstausgabe der Werke Meister Eckharts von Franz *Pfeiffer.* 1. (einzige) Abt. Predigten, Traktate. Neudruck der Ausgabe Leipzig 1857. Aalen: Scientia 1962 = Dt. Mystiker des 14. Jahrhunderts. Bd. 2. (Da die 2. Abt. mit Einleitung, Anmerkungen, Glossar u. a. durch den Tod Pfeiffers leider nicht mehr zustande gekommen ist, ist sie eine reine Textausgabe. Die Autorschaft des Meisters ist nicht für alle Stücke sicher.)

Außerdem gibt es viele einzelne Handschriftenfunde und -Veröffentlichungen. Sie finden, bzw. sollen Aufnahme finden (genau wie die der Pfeiffer-Ausgabe), sofern sie sich als mutmaßlich echt erweisen, in der großen Ausgabe Quints.

Erwähnt sei noch eine Teilausgabe: Meister Eckharts Buch der göttlichen Tröstung und Von dem edlen Menschen (Liber „Benedictus"). Unter Benutzung bisher unbekannter Handschr., hrsg. von Josef *Quint.* Berlin: de Gruyter 1952 und die Übersetzungen: Meister Eckehart. Dt. Pred. u. Trakt. Hrsg. u. übers. v. Josef *Quint.* München: Hanser 1963 (Enthält u. a. auch die Übersetzung der Verurteilungsbulle — Der Name Eckhart und Eckehart variiert in den Handschriften-) und
Meister Eckhart: Reden der Unterweisung. Ins Neuhochdt. übertr. v. Josef *Quint.* Frankfurt a. M.: Insel-Verl. (1963). (Beiden Übersetzungen liegt der Text der Gesamtausg. d. dt. Werke durch J. Quint zugrunde).

Eine kleine Teilausgabe, die Auszüge aus mehreren Mystiker-Texten enthält, ist: Eckhart, Tauler, Seuse. Ein Textbuch aus der altdt.

Mystik. Ausgew., übers., u. mit Einf., Erl., u. Biogr. hrsg. v. Hermann *Kunisch.* Hamburg: Rowohlt 1958.

Auf die Veröffentlichung der lateinischen Prozeßakten wird bei den Anmerkungen zu den einzelnen Kapiteln hingewiesen. Sobald der 5. Bd. der lat. Werke Meister Eckharts erschienen ist, hat man die Prozeßakten in lat. Urschrift und in der deutschen Übersetzung beisammen.

In deutscher Übersetzung liegen m. W. bisher nur folgende vor: 1. Meister Eckharts Rechtfertigungsschrift vom Jahre 1326. Einleitungen, Übersetzungen und Anmerkungen von Otto *Karrer* und Herma *Piesch.* Erfurt 1927. (Ein außerordentlich interessantes Dokument, in dem der Meister die Fragen der Kölner Inquisitoren beantwortet und Stellung dazu nimmt. Es spiegelt den Gang der Verhandlungen, seine Haltung und seine Betroffenheit wider. Die Fragen der Inquisitoren sind nicht darin). 2. Die Verurteilungsbulle. Sie ist übersetzt von Josef *Quint* in dem soeben erwähnten Werke „Meister Eckehart . . .“ 1963. S. 449 ff. 3. Der Text der Kölner Erklärung Meister Eckhart vom 13. 2. 1327 bei Wilhelm *Preger:* Geschichte der deutschen Mystik im Mittelalter. T. 1. (Neudruck der 1874 erschienenen Ausgabe). Aalen: Zeller 1962, S. 360 f. — mitten im Text. (Im gleichen Buch, S. 364 f. — gleichfalls mitten im Text — der den Widerruf betreffende letzte Abschnitt der Bulle, die insgesamt bei Quint übersetzt ist.)

Für die biographischen Zusammenhänge aus dem Leben Meister Eckharts wird hingewiesen auf: Josef *Koch:* Kritische Studien zum Leben Meister Eckharts. 1: Von den Anfängen bis zum Straßburger Aufenthalt einschließlich. 2: Die Kölner Jahre, der Prozeß, die Verurteilung. In: Archivum Fratrum Praedicatorum 29 (1959) 5—51; 30 (1960) 5—52. (Der Verf. beleuchtet die Schwerpunkte seines Lebens auf Grund der bisher bekannten Dokumente, an Hand von Handschriftenvermerken, Mitteilungen an ihn, Rückschlüssen auf ähnlich gelagerte Fälle, die ihm aus seiner umfangreichen Mittelalter-Forschung bekannt waren, oder naheliegender Vermutungen, soweit das nach Lage der Dinge möglich ist.)

Als Ergänzung dazu sei erwähnt der Aufsatz von Hermann *Kunisch:* Offenbarung und Gehorsam. Versuch über Meister Eckharts religiöse Persönlichkeit. In: Meister Eckhart der Prediger. Festschrift zum Eckhart-Gedenkjahr. Hrsg. im Auftr. d. Dominikaner-Provinz »Teutonia« (1960). S. 104—48. Die gleiche Festschrift, die zum mutmaßlich 700. Geburtsjahr Meister Eckharts erschien, enthält weitere bedeutende Aufsätze. Auf die Angabe weiterer Ausgaben, Übersetzungen und Sekundärliteratur muß hier leider verzichtet werden.

Einige literarische Hinweise zum jeweiligen Thema jedoch noch bei den Einzelanmerkungen.

Zum Titel des Buches:
Das »ewige Jetzt« bezieht sich auf den oft gebrauchten Ausdruck Meister Eckharts »daz ēwige nū« oder »daz nū der ēwichkeit«. Das mittelhochdeutsche Wort »nū« gibt es im Neuhochdeutschen nur noch in wenigen Ausdrücken, z. B.: ich komme im Nu. Der Augenblickscharakter des Wortes »nū« scheint mir in dem Wort »jetzt« stärker zu sein, als in dem langgezogeneren »nun«.

Zum Inhalt:

1 Anne vom Ramswag: Name einer Nonne des Klosters Katharinental b. Diessenhofen/Rh., die ein nicht mitgeteiltes Gespräch mit Meister Eckhart führte. Es geht bei ihr um geheimnisvolle seelische Erfahrungen, die sie bis zu ihrem Tode stärkstens bewegten. Sie bildet hier nur den Rahmen. Die Aussagen des Kapitels stehen in keinem Zusammenhang mit ihrer Vita. — Das erwähnte Bibelzitat steht Joh. 17, 3.

2 Die Wildnis Gottes: In der Mystik herrscht die Vorstellung, daß die Seele, bevor sie Gott begegnet, durch eine »wueste« (Einöde, Unwegsamkeit, Wildnis) gehen muß, eine Periode schwerster und dunkelster Erfahrungen, die sie dafür ledig und empfangsbereit macht. Die Einöde wird auch als der Ort der Begegnung angegeben. »Ich . . . will die edle Seele in eine Einöde führen und da in ihr Herz sprechen ein mit einem . . .« (= Schluß der Predigt »Von dem edlen Menschen«. Meister Eckhart: Dt. Werke V, S. 119, Z. 4 ff.)

3 Wanderreisen: Nach Berichten über Albert den Großen und der Lebensbeschreibung Seuses zu schließen, waren die Wanderreisen der Dominikaner Fußwanderungen. Nur im Notfalle durfte ein Reittier benutzt werden. Wann ein solcher Fall vorlag, ist unbekannt.

4 Konrad von Halberstadt: Nach Meinung von Josef Koch vermutlich Sekretär Meister Eckharts.

5 Leicht abgewandeltes Zitat. Es heißt in der Pfeiffer-Predigt XIX, S. 83, Z. 1 ff.: »Ez dûhte einen menschen als in eime troume (ez was ein wachender troum), wie es swanger würde von nihte als ein frowe mit einem kinde, und in dem nihte wart got geborn, der was diu fruht des nihtes.« Das Zitat könnte vom Inhalt her gesehen eine Aussage Eckharts über sich selber sein. Man sprach oft von sich als von »einem Menschen«.

6 Moses ben Maimon (Maimonides), im Mittelalter Rabbi Moses genannt. Jüdischer Philosoph des 12. Jhdts., der in Ägypten lebte und, ähnlich wie die arabischen Philosophen, starken Einfluß auf das späte Mittelalter ausübte. Er legte die Heilige Schrift symbolisch aus.

[7] Meister Eckhart berichtet (Lat. Werke I, S. 337, Z. 4 ff.), daß er aus Erfahrung die heilende Kraft der Pflanze Augentrost kenne.

[8] Es geht bei dem Bekenntnis der Nonne um die Mitteilung einer Vision, soweit sie ihr aus der Rückschau in Worten aussagbar ist. — Das aus dem Geist des Künstlers hervorgegangene geschnitzte Kästchen ist ein gern gebrauchtes Bild des Meisters.

[9] Quelle dieser Erzählung war die »Legende«. Sie ist aufgezeichnet in dem Buch »Das Leben der Schwestern zu Töss« im Anschluß an die Nonnenviten. Die Verfasserin des Buches war die Nonne und spätere Priorin Elsbeth Stagel. Hrsg. von Ferdinand *Vetter.* Berlin 1906. — Der historische Hintergrund dieses und des nächsten Kapitels in Anlehnung an die Dissertation von Alfred *Nevismal:* Königin Agnes von Ungarn. Leben u. Stellg. in der Habsburgischen Politik. Wien 1952.

[10] Kloster Töss bei Winterthur (Schweiz).

[11] Der Thronstreit spielte sich ab zwischen Friedrich dem Schönen von Habsburg und Ludwig dem Bayern, die aus einer Doppelwahl beide als Könige hervorgegangen waren. Friedrich mit kleinerer Stimmenzahl. Die Entscheidung fiel nach mittelalterlichem Recht im Kampf.

[12] Es handelt sich um die Absetzung König Adolfs von Nassau und den Entscheidungskampf zwischen ihm und seinem Nachfolger, Albrecht I. von Habsburg, Sohn Rudolfs von Habsburg.

[13] Zu dieser Sicht Albrechts I. mit den Augen seiner Tochter vgl. Hermann *Heimpel:* Deutschland im späteren Mittelalter. In: Handbuch der Deutschen Geschichte. Hrsg. v.O.Brandt u. A.O. Meyer. Bd.I. Potdam: Athenaion [1940; späterKonst. 1957] S.294 ff.

[14] Hergang der Ermordung Albrechts I. nach der Österreichischen Reimchronik.

[15] Der Tag des heiligen Stephan, Königs von Ungarn, war damals der 20. August, der Tag der Erhebung seiner Gebeine, der in Ungarn bis 1948 als nationaler Feiertag begangen wurde. Das Fest wurde im 17. Jahrhundert zur Erinnerung an die Befreiung von den Türken auf den 2. Sept. verlegt.

[16] Nach Heinrich *Denifle:* Die Heimat Meister Eckharts, Archiv f. Litt. u. Kirchengesch. d. Mittelalters 5 (1889) 349 ff. war Meister Eckhart ein Thüringer und stammt aus dem Ort Hochheim bei Gotha. Das schließt er aus einer im Aufsatz abgedruckten Schenkungsurkunde (den Namen auch aus der Schlußnotiz einer Predigt). Er war nach Denifle vermutlich ritterlicher Abstammung. Für letzteres würden auch Stilkriterien sprechen (Sprachbilder aus der Ritterwelt und die Übertragung ritterlicher Vorstellungen auf innerseelische Zusammenhänge). Neuerdings bezweifelt Josef Koch die ritterliche Abstammung.

[17] Datum der Schenkungsurkunde nach der Dissertation von A. Nevismal s. o.

[18] Es wird allgemein angenommen, daß Meister Eckhart die Predigt »Von dem edlen Menschen« vor der Königin Agnes von Ungarn im Kloster Töss gehalten hat. Der Zeitpunkt steht nicht fest. Ich habe mich für das Jahr 1318 entschieden, weil Agnes nach der Diss. von Nevismal vorher nicht in Töss bezeugt ist. Der Meister führte um diese Zeit Klostervisitationen in Schweizer Klöstern durch. Leider konnte ich nicht ermitteln, ob für das ursprüngliche Fest des hl. Stephan, den 20. August, der gleiche Bibeltext vorgesehen war, wie für das später verlegte Fest, den 2. Sept. Für diesen gilt Luc. 19. 12 ff. »Ein edler Mensch . . .« Bedenken kamen mir, weil Josef Koch das Datum des 25. Augusts annimmt, da nach dem »heutigen Missale« der Text für diesen Tag, den Tag des hl. Ludwig, vorgesehen ist. Da er »heutigen« sagt, halte ich eine Verschiebung der Texte für möglich. Es ist mir nicht sehr einleuchtend, daß der Meister am Tage des hl. Ludwig von Frankreich vor der Königin gepredigt haben sollte, wenn Ungarn selber einen so erlauchten Heiligen hatte und das Datum seines damaligen Festes in der Nähe des Tages lag, für den ihre Schenkung in Töss bezeugt ist.

[19] Eckhart-Ausdruck: Gottes »isticheit«. Vgl. Dt. Werke I, S. 197, Z. 4 (Pfeiffer-Pred. XCVI, S. 310, Z. 40).

[20] Vgl. Dt. Werke I, Pred. 5b, wo es auf S. 89, Z. 9 f. heißt: »daz niht aleine pīniget die sēlen mē, die in der helle sint, dan eigener wille oder kein viur.« (Pfeiffer-Pred. XIII, S. 65, Z. 32 ff.)

[21] Das »Buch der göttlichen Tröstung« ist der Königin Agnes von Ungarn gewidmet. Das besagt keineswegs, daß nur sie und ihr Schicksal darin angesprochen wird. Jedoch dürfte es um die Zeit der Begegnung entstanden sein, da er ihr ein lange zurückliegendes Buch kaum gewidmet hätte. (In der ersten Zeit nach dem Mord an Albrecht I., 1308, waren die Habsburger wie geschockt, was die Rache an den Mördern zeigt, und für Trost kaum ansprechbar.)

[22] Meister Dietrich von Freiberg wird in der Literatur der Mystik im Zusammenhang mit Meister Eckhart genannt. Er war älter als er. Vielleicht war er sein Lehrer. Beide waren Schüler Alberts des Großen und hatten kurz nacheinander den Lehrstuhl der Dominikaner an der Pariser Universität, der Sorbonne, inne.

[23] Ob Meister Eckhart in Straßburg das Studium leitete und zugleich Vikar des Ordensgenerals war, ist unbekannt. Immerhin hatte sein späterer Amtsgefährte, Nikolaus von Straßburg, als er in Köln war, beide Ämter inne, Lehrtätigkeit und Vikariat. Die Möglichkeit besteht also. Vielleicht wurden die Visitationsreisen nur im Bedarfsfalle durchgeführt.

[24] Die Regenbogentheorie Dietrichs von Freiberg nach: William A. *Wallace:* The scientific methodology of Theodoric of Freiberg. A case study of the relationship between science and philosophy. Freiburg/Schw. 1959.

25 Ich nehme an, daß der Name des Ordensmeisters, Aymerich, die latinisierte Form von Emmerich ist (ähnlich wie Eckhart/Aychardus).

26 Der Versuch mit einem Wasserbecken und einem Spiegel wird in einer Eckhart-Predigt in ganz anderem Zusammenhange erwähnt Pfeiffer-Pred. LVI, S. 180, Z. 34 ff.).

27 Das Bild vom Baumeister wird gern von Meister Eckhart gebraucht.

28 Für die ewige Schöpfung im Seelengrund stehe hier das folgende Zitat (Dt. Werke II, Pred. 30, S. 95, Z. 5 ff. - Pfeiff.-Pred. LXVI, S. 207, Z. 9 ff.): »Dā nie zīt īn enkam, dā nie bilde īngeliuhtete, in dem innigesten und in dem hoehsten der sēle schepfet got alle dise werlt. Allez, daz got geschuof vor sehs tūsend jāren, dō er die werlt machete, und allez, daz got noch geschaffen sol über tūsend jār, ob diu werlt sō lange bestāt, daz schepfet got in dem innigesten und in dem hoehsten der sēle. Allez, daz vergangen ist, und allez, daz gegenwertic ist, und allez, daz künftic ist, daz schepfet got in dem innigesten der sēle . . .«

29 Über das erleidende Mitschöpfen am Werke Gottes habe ich ausführlich gehandelt im 4. Kap. meiner Dissertation. Erika *Albrecht:* Der Trostgehalt in Meister Eckharts Buch der göttlichen Tröstung und seine mutmaßliche Wirkkraft. Diss. Freie Univ. Berlin 1953. In dieser Arbeit wird auch die in der Einleitung erwähne Existenzlage seines Publikums und ihre Erfassung von seiner Warte her herausgearbeitet, sowie umfassende Literatur angegeben.

30 Verklärungsberg: Der Berg, auf dem sich das Verklärungserlebnis Christi vor zweien seiner Jünger vollzog (2. Petr. 1, 16—18).

31 Aus der Fülle der Aussagen über Lichtgeschehnisse bei Meister Eckhart sei hier nur eins erwähnt (Dt. Werke II, Pred. 31, S. 124, Z. 5 ff. — Pfeiffer-Pred. XLVIII, S. 161, Z. 22 ff. —): »Ein lieht giuzet sich ūz und erliuhtet daz, dā ez sich ūf giuzet. Daz man etwenne sprichet: daz ist ein erliuhtet mensche, daz ist kleine. Aber dā ez ūzbrichet, daz ist verre bezzer und brichet durch in die sēle und machet sie glīch gote und gotvar, als ez mügelich ist, und īnerliuhtet sie. In der īnerliuhtunge klimmet si über sich in dem götlīchen liehte. Als sie nū danne alsō heim kumet und alsō mit im vereinet ist, sō ist sie ein mitewürkerin.«

32 Quelle für dieses Kapitel ist: Heinrich *Seuse:* Deutsche Schriften. Hrsg. v. Karl *Bihlmeyer.* Stuttgart 1907. Dort heißt es im Kap. 21 u. a.: »do kom er zuo dem heiligen meister Egghart unt klaget im sin liden. Der half im dur von und also ward er erloeset von der helle, da er so lange was inne gewesen.«

33 Das sagt Meister Eckhart im »Buch der göttlichen Tröstung« Vgl. Dt. Werke V, Trakt. 1, S. 22, Z. 6 ff. (Pfeiffer-Trakt. V, S. 426, Z. 19 ff.).

[34] Vgl. die »Reden der Unterscheidung« Dt. Werke V, Trakt. 2 S. 233, Z. 7 f. (Pfeiffer-Trakt. XVII, S. 557, Z. 11 f.) ». . . und bist dā mite genidert und gedēmüetiget, als daz aleine, daz er wider got hāt getān.«

[35] Vgl. Dt. Werke I, Pred. 15, S. 246, Z. 18 ff. (bei Pfeiffer nicht vorh.): »waer dirre mentsch in der hell, got muest zuo im in die hell, vnd die hell muest im ain himelrich sin.«

[36] Über Tauler gibt es keine Vita, und in seinen Predigten (die er vermutlich erst in älteren Jahren hielt) findet sich nur selten ein Hinweis auf sein persönliches Leben. Quelle für dieses Kapitel waren: »Die Predigten Taulers aus der Engelberger und der Freiburger Handschrift . . .« hrsg. v. Ferdinand *Vetter.* Berlin 1910. Der Einfluß Meister Eckharts auf ihn ist darin unverkennbar.

[37] Zur mitternächtlichen Meditation Taulers vgl. die Predigten Nr. 70, S. 382, Z. 4 ff. u. Nr. 384, Z. 21 ff. Darin gibt er seinen Schützlingen Ratschläge, wie sie sich dabei verhalten sollen. Sie müßten frühzeitig schlafen gehen und nach der Mitternachtsmesse dann die Übung vollziehen. Ausgangspunkt sei eine Beichte vor Gott. Danach folge die einleitende Betrachtung. Dann heißt es: »Nimmst du nun wahr, daß Gott dich einwärts zieht, so laß alle Dinge fallen und folge Gott einfältig und laß alle Bilder fallen.« Und weiter (Z. 26 f.) »Hierzu ist es hilfreich, daß der äußere Mensch in Ruhestellung (rasten) sei und sitze und schweige und habe auch an seinem Leibe keine äußere Unruhe.«

[38] Psalm 42, 1.

[39] Das Bild von der Jagd in Anlehnung an die Jagdschilderungen Taulers in der Predigt Nr. 11, S. 50 ff. u. Nr. 60, S. 312 ff.

[40] Von den verknöcherten Alten spricht Tauler u. a. in der Predigt Nr. 67, S. 369, Z. 29 ff.

[41] Von einem inneren Konflikt wegen der Almosenannahme berichtet Tauler in der Predigt Nr. 56, S. 261, Z. 11—28.

[42] »ingeistunge« Tauler-Ausdruck. Pred. Nr. 23, S. 92, Z. 30 f.

[43] Dieser Kölner Dominikanermönch Hermann ist nur unter seinem latinisierten Namen Hermann de Summo bekannt. Nach Ansicht Josef Kochs könnte die deutsche Namensform Hermann vom Dome sein. Sein Elternhaus lag am Dom, dem »höchsten« Bauwerk.

[44] »rīcherzeche« = hohe Gesellschaftsschicht in Köln.

[42] »ingeistunge« Tauler-Ausdruck. Pred. Nr. 23, S. 92, Z. 30 f.
Quint nicht vorh.). Es heißt dort: »Dō was ich in grōzer nōt, weder wir wēren got von nātūre oder von gnāden. Dō truoc mich vorhte ūf Kristum, wan er daz underscheit hāt in der wārheit. Dō gab er mir ein lieht von gnāden, daz ich bekante in götlīcher nātūre drīe persōnen, daz sīn vater ist ein geberer aller dinge.« (Verstümmeltes Eckhart-Zitat?).

[46] Von zweierlei sündigen Menschen spricht Tauler in der Predigt Nr. 28, S. 116, Z. 6 ff., den einen, die durch ihre Gottbezogen-

heit tief unter ihrer Sünde leiden, sie aber gottbezogen durchleiden, den anderen, die ohne diese Bindung sich ihrer Schwere gar nicht bewußt werden.

47 Die Verspottung »Begard« zu sein oder den »Neuen Geistern« anzugehören, scheint Tauler öfter getroffen zu haben. Vgl. Pred. Nr. 36, S. 138, Z. 3 ff. — Begarden = Religiöse Gemeinschaften, die im Geruch der Ketzerei standen. Neue Geister = Ketzersekte der »Brüder des freien Geistes«.

48 Hermann de Summo (Hermann vom Dom) und Wilhelm von Nidecke waren die beiden Denunzianten des Meisters. Damit ist nicht gesagt, daß der Prozeß nur ihrer Aussagen wegen eröffnet wurde. Sie kamen dem Erzbischof bei einem langgeplanten Unternehmen vermutlich gerade recht.

49 Ludwig der Bayer = Deutscher König, Gegenkönig des von ihm besiegten Friedrichs von Habsburg. Ludwig stand in schwerster politischer Auseinandersetzung mit dem Papst Johannes XXII., der ihn nicht anerkannte, für abgesetzt erklärte und über seine Anhänger (fast das gesamte Reich) das Interdikt verhängte. Ludwig dagegen warf dem Papst Ketzertum vor und zog nach Rom, um einen Gegenpapst einzusetzen, der sich jedoch nicht halten konnte.

50 Heinrich von Virneburg = Kölner Erzbischof.

51 Zum Thema: Einfluß des Mondes auf die Gezeiten, vgl. Dt. Werke I, S. 155, Z. 12 ff. u. Dt. Werke V, Trakt. 1, S. 45, Z. 4 ff. (Pfeiffer-Pred. LXXXIV, S. 271, Z. 25 ff. u. Trakt. V, S. 438, Z. 21 ff.).

52 Über das Kräftespiel der Seele habe ich ausführlich in meiner Diss. gehandelt (S. 23 ff.) und Literatur dazu angegeben. In Kürze zusammengefaßt geht es dabei um eine stufenweise Verinnerlichung der seelischen Kräfte. Da sind 1. die Außenkräfte (Sinneseindrücke), die die Bilder der Umwelt aufnehmen. 2. ist da die »bilderin«, diejenigen Innenkräfte, die diese Eindrücke in der Form von Innenbildern verarbeiten (Verstand, Phantasie, Begierde u. a.). 3. sind da die »höchsten Kräfte«, die rein religiös verstandene Seele. Sie haben keinerlei bildhafte Vorstellungen mehr und sind nicht der Zeit unterworfen. Wenn sie von Gott überformt werden, sind sie eine einzige Kraft, der Funke, Empfangsorgan für göttliche Mitteilungen. Meister Eckhart interessieren die letzteren am meisten. Sie sind ihm Ausdrucksmittel für unaussagbare seelische Zusammenhänge.

53 Das Fußtuch-Motiv nach der Lebensbeschreibung Seuses. (Das erwähnte Abschiedsmahl ist nicht der Vita entnommen.)

54 Das Bild vom Kampf zwischen Feuer und Holz nach dem »Buch der göttlichen Tröstung«, Dt. Werke V, Trakt. 1, S. 33, Z. 9 ff. (Pfeiffer-Trakt. V, S. 431, Z. 18 ff.).

55 Über Walter von Holland und andere Ketzerverurteilungen des

Erzbischofs schreibt Joh. Lorenz *von Mosheim:* De Beghardis et Beguinabus, Leipzig 1790. § XIIII, S. 269 ff.

56 Zur mittelalterlichen Ketzerforschung vgl. die Studien von Herbert *Grundmann:* Hier insbes.: Ketzerverhöre des Spätmittelalters als quellenkritisches Problem. Archiv f. Erforschg. d. Mittelalters 21 (1965) 519 ff. und: Neue Beiträge z. Gesch. d. Bewegungen im Mittelalter. Ebda 37 (1955) 129 ff. (Kap. II, S. 168 ff.).
Sodann: Religiöse Bewegungen im Mittelalter. Berlin 1935. Ergänzter Neudruck 1961. — Das erwähnte Gutachten Alberts des Gr. ist abgedruckt bei Wilhelm *Preger:* Gesch. d. dt. Mystik im Mittelalter (Neudruck 1962) T. 1, S. 461 ff. Die dort als »Sätze der Brüder des freien Geistes . . .« bezeichneten Artikel sind (nach Grundmann) identisch mit dem Gutachten.

57 Averroës = arabischer Philosoph, der durch seinen Aristoteles-Kommentar großen Einfluß auf das Abendland ausübte. Er gehörte der Sufi an, einer Bewegung arabischer Mystik.

58 Die Gerichtsverhandlungen in Köln werden hier nur eindruckvermittelnd auf einen einzigen Akt zusammengezogen. Ausführlich handelt über den Prozeß Josef *Koch* in seinen »Kritischen Studien« 2. Teil (s. o.) S. 110 ff.

59 Dahingehend äußert sich Meister Eckhart in: Lat. Werke I, S. 152, Z. 3 ff.

60 Vgl. dazu Meister Eckhart: Expositio libri Genesis, Lat. Werke I, S. 190 f.

61 Heinrich und Konrad: vermutlich sehr häufig vorkommende Namen im Mittelalter. Der Meister gebraucht sie gerne beispielhaft.

62 In dem Kölner Dokument erklärt der Meister, daß er Irrtümer, die sich in seiner Lehre, Predigt u. a. finden sollten, widerrufe und sie als nicht geschrieben angesehen wissen wolle, insbesondere, da er falsch verstanden worden sei. Nach Heranziehung der beiden Sätze, von denen er den einen ablehnt und den anderen verteidigt, fügt er hinzu, daß er bei Wahrung des Gesamtwerks auch in Zukunft korrigieren und widerrufen wolle, was sich als ungesunden Sinnes erweisen sollte.
Die Ansicht Josef Kochs, die Erklärung sei eine »Flucht in die Öffentlichkeit«, kann ich nicht teilen. Jedoch scheint mir ein Unterton der Erschütterung über das Ausmaß des Mißverständnisses eingeflossen zu sein, das ihm entgegentrat. Sie läge in einer Linie mit Bemerkungen in seinem Werk über die »grobsinnigen Menschen«, die mit vordergründigem Verstandesvermögen an höchste geistige Erkenntnisse herangehen und sie ihrer Kritik unterziehen. Darunter dürften zu verstehen sein: diejenigen, die seine unverstandene Tiefe für Ketzertum erklären (Rechtfertigungsschrift), sowie diejenigen, die »ungezügelte Freiheiten« aus ihr ableiteten. Gegen letztere verteidigt Seuse seinen Meistr im »Büchlein der Wahrheit«. Der Meister hatte eine riesige Anhängerschaft unter

den religiösen Kreisen seiner Zeit. Aber die religiösen Bewegungen bildeten keine Einheit. Es waren offensichtlich auch solche darunter, die sie zu primitiven Machtstrebungen ausnutzten. Seine Widersacher scheinen also in zwei Lagern zu suchen zu sein.
Die Erklärung liegt in Übersetzung m. W. vor nur bei Wilhelm *Preger:* Gesch. d. dt. Mystik im Mittelalter, T. 1 (Neudruck 1962), S. 360 — mitten im Text —. Im gleichen Buch als Anhang: der lateinische Text der Erklärung; ein Protest gegen die Zuständigkeit des Erzbischöfl. Gerichts; der Bescheid darauf und die spätere Verurteilungsbulle. Die lat. Schriften auch bei Heinrich *Denifle:* Archiv f. Litt. u. Kirchengesch. d. Mittelalters 2 (1886), S. 627 ff.

[63] Kleine Meister: Ausdruck Meister Eckharts (Dt. Werke I, S. 147, Z. 3 — Pfeiffer S. 269, Z. 7 —), über den viel gerätselt wurde. In dem Zusammenhang, in dem er steht, scheint er auf Schüler bezogen zu sein, die die Anfangsgründe der Philosophie lernen. Vermutlich scherzhaft gemeint.

[64] Zu den Namen des Kapitels: Armandus de Bellovisu (Name erschlossen) war 1328 Magister des Hl. Palastes. Josef Koch vermutet, daß es der Magister s. palatii war, der die Anklagepunkte zusammenstellte.
Die Namen der beiden Auditoren: Durandus de S. Porciano und Raimundus Bequini, entnahm ich dem Gremium, das J. Koch für den zur gleichen Zeit in Avignon laufenden Prozeß gegen Wilhelm von Ockham zusammengestellt hat in: Recherches de théol. ancienne et médiévale VII (1935), S. 362. Zu Durandus ferner benutzt: J. *Koch:* Durandus de S. Porciano O. P. Forschungen z. Streit um Thomas v. Aquin zu Beginn des 14. Jhdts., Münster 1927.

[65] Wilhelm von Ockham: Sein Prozeß lief zu gleicher Zeit in Avignon. Er war Franziskaner und floh zusammen mit Michael von Cesena und Bonagratia von Bergamo aus Avignon, um sich dem Romzug des deutschen Königs Ludwig des Bayern anzuschließen.

[66] Vgl. Artikel 4 der Verurteilungsbulle.

[67] Vgl. die »Reden der Unterscheidung« (Dt. Werke V, Trakt. 2, S. 234, Z. 7 ff.) und das »Buch der göttlichen Tröstung« (Dt. Werke V, Trakt. 1, S. 39, Z. 10 ff. — Pfeiffer-Traktate XVII, S. 557, Z. 23 ff. u. S. 434, Z. 32 f. —).

[68] Herveus Natalis: Vormaliger Generalmagister der Dominikaner. Die gegen Durandus erhobenen umfangreichen Anschuldigungen hatten sich innerhalb des Ordens abgespielt, waren also mehr Gelehrtenstreitigkeiten und keine Anklagen auf Ketzerei wie bei Meister Eckhart. Trotzdem waren sie mit Widerruf, Entschuldigung u. a. verbunden.

[69] Joachim von Fiore.

[70] Vgl. den Ausspruch Eckharts in Dt. Werke V, 1, S. 43, Z. 5 ff. (Pfeiffer-Trakt. V, S. 437, Z. 3 ff.)

[71] Über die Befragung Meister Eckharts ist ein Theologen-Gutachten in der Vaticana gefunden und veröffentlicht worden. Franz *Pelster:* Ein Gutachten aus dem Eckhart-Prozeß in Avignon. In: Aus der Geisteswelt des Mittelalters, Bd. 2 = Beiträge z. Gesch. d. Philos. u. Theol. d. Mittelalters, Supplementbd. 3, 2. Münster 1935, S. 1099 ff.

[72] Vgl. Dt. Werke II, S. 176, Z. 5 ff. (Pfeiffer-Pred. XXXIII, S. 116, Z. 17 ff.) Dort handelt ein ganzer Abschnitt von den Zeichen eines Auferstandenen.

[73] » . . . daß er Euch sehn läßt mit seinem . . . Herzen . . .« Die Stelle bildet eine Vorstellungsassossiation zu einem Eckhart-Wort. Es lautet: »Möhtet ir gemerken mit mînem herzen, ir verstüendet wol, waz ich spriche . . .« (Dt. Werke I, S. 41, Z. 5 f. — Pfeiffer, S. 46, Z. 20 f. —).

[74] »worten« gern gebrauchtes Wort Meister Eckharts.

[75] In Anlehnung an Robert *Brun:* Avignon au temps des papes. Paris 1928, G. *Mollat:* Les papes d'Avignon. Paris 1950 u. Karl *Jacob:* Studien über Papst Benedikt XII. Berlin 1910.

[76] Es handelt sich hier um die Frühform des Avignoner Palastes.

[77] Mit der folgenden Frage, die später starken Widerspruch fand, beschäftigte sich Johannes XXII. schon 1328 und hat sie auf dem Totenbett widerrufen. Fournier, der sie als Privatmeinung des Papstes bezeichnet, erklärte (als Papst Benedikt XII.), daß jeder, der diese Ansicht hartnäckig vertrete, wie ein Ketzer bestraft werden würde.

[78] Siger von Brabant.

[79] Vgl. die ersten drei verurteilten Sätze der Bulle.

[80] Vgl. Satz 20 und 21 der Verurteilungsbulle.

[81] Verteidigung Eckharts nach deren Wiedergabe bei Josef Koch, Kritische Studien II, S. 43.

[82] Vgl. den Beginn des »Buchs der göttlichen Tröstung«. Dt. Werke V, S. 9 ff. (Pfeiffer, S.419, Z. 21 ff.).

[83] Johannes 1, 12 ff.

[84] Vgl. den Schluß des »Buchs der göttlichen Tröstung« Dt. Werke V, Trakt. 1, S. 60, Z. 19 ff. (Pfeiffer-Trakt. V, S. 447, Z. 38 ff.).

[85] Die Versammlung ist in dieser Form erdacht. Statt fand zu Pfingsten 1328 in Toulouse ein Generalkapitel, das sich offensichtlich mit dem Fall Eckhart beschäftigte. Es verbot und stellte unter strenge Strafe, »Subtilia des Glaubens« öffentlich zu predigen. Vielleicht um durch ein gewisses Entgegenkommen eine Verurteilung zu verhindern.

[86] Den Hintergrund dieser Aussage bildet der sog. Armutsstreit. Die Franziskaner hatten in Rückbesinnung auf die Forderung des Franz von Assisi die Forderung absoluter Armut für ihren Orden aufgestellt und das mit der vollständigen Armut Christi und seiner Jünger begründet. Die These von der absoluten Armut Christi

u. s. Jünger wurde von Johannes XXII. für ketzerisch erklärt. Darauf spaltete sich der Orden. Der eine Flügel trat in Opposition zum Papst. Zu ihm gehörten die oben erwähnten Franziskaner.

87 Es handelt sich bei Thomas von Aquin um keine Ketzeranklage wie bei Meister Eckhart, sondern um Durchsetzungsschwierigkeiten innerhalb der Gelehrten an der Sorbonne.

88 Nach Martin *Grabmann:* Kaiser Friedrich II. und sein Verhältnis zur aristotelischen und arabischen Philosophie. In: Mittelalterliches Geistesleben. München 1935, S. 103 ff.

89 Vgl. Dt. Werke II, S. 183, Z. 1 ff. (Pfeiffer-Pred., S. 117, Z. 27 ff.).

90 Vgl. Satz 8 der Verurteilungsbulle.

91 Verkürztes Eckhart-Zitat aus der sog. Rechtfertigungsschrift. In der Übersetzung v. Karrer/Piesch auf S. 120.

92 Die Frage des Widerrufs habe ich nur gestreift. Sie ist noch ungeklärt. Im Anschluß an die Verurteilungsbulle vom 27. März 1329, in der 28 (bzw. 26) Sätze des Meisters und die Werke, denen sie entnommen waren, als häretisch oder der Häresie verdächtig verurteilt wurden, erwähnt der Papst einen Widerruf des Meisters. Er zitiert ihn indirekt und auszugsweise.

Da viele der Angaben darin: das Dokument am Ende des Lebens, das Protokoll darüber u. a. auf die Kölner Erklärung zutreffen, glaubte sein erster Interpret, Wilhelm Preger, der Papst habe diese Erklärung gemeint, einen anderen Widerruf gäbe es nicht. Dem widersprachen andere, insbesondere katholische Forscher von dem Gesichtspunkt her, die Kölner Deklaration enthalte nur einen bedingten Widerruf, das päpstliche Dokument meine aber einen unbedingten. Sie glauben, daß es noch einen zweiten, unaufgefundenen, vermutlich in Avignon geleisteten gebe müsse. Sie weisen darauf hin, daß in dem Kölner Dokument zwei der vom Papst erwähnten Fakten fehlen: die Erwähnung der Anklagesätze und die Unterwerfung unter die Entscheidung des Papstes. Das ist zutreffend. Genauso zureffend ist aber auch, daß der Papst nur von einem Widerruf spricht und nicht von zweien, den Ort Avignon nicht erwähnt und das Dokument doch eben nicht vorhanden ist. Die indirekte Zitierung des Papstes ist nicht klar genug, um das Original-Dokument, das er meinte, zu ersetzen. Wie dem auch sei, es kann sich bei dem Dokument immer nur um eine Vorausleistung auf einen noch nicht festgelegten Gehalt gehandelt haben. Der Meister starb nämlich ein oder eineinhalb Jahre vor der Verkündung des Urteils. Er wußte noch gar nicht, ob etwas und was verurteilt werden würde.

Ein solches Dokument wirft m. E. neue Fragen auf, die nur angedeutet sein sollen: Wie stand es mit so einer Vorausleistung, wenn das verurteilende Gericht ein Fehlurteil fällte? Das scheint zumindest bei der Miteinbeziehung der selbstgeschriebenen Werke der Fall zu sein, die heute auch von der kath. Forschung für recht befunden werden. Ferner: der Prozeß nahm eine drastische Wendung. Zu Anfang wurde der Ankläger in den Kerker geworfen, zuletzt der Meister verurteilt. Dazwischen lagen Befragung und Gutachten. Der Meister konnte zum Zeitpunkt seines Todes diese Wende kaum voraussehen. Darf man ihm einen Widerruf für etwas zuweisen, das noch gar nicht in seinen Gesichtskreis trat? Endlich ist die Form des Verfahrens für unser heutiges Rechtsempfinden überhaupt nicht mehr zugänglich: eine Verurteilung willkürlich herausgezogener Sätze und deren Werke in Unkenntnis derselben.

Der Standpunkt Meister Eckharts zu seinem Werke ist sehr viel mehr aus der sogenannten Rechtfertigungsschrift abzulesen, den Antworten, die er den Kölner Richtern schriftlich übermittelte. Darin verteidigt er es mit souveräner Überlegenheit. Er geht so weit, den Standpunkt der Richter für häretisch zu erklären, wegen der Vordergründigkeit ihrer Sicht. Die von Hörern falsch nachgeschiebenen Stellen aus seinen Predigten dagegen reduziert er auf ihren wahren Kern, korrigiert das falsch Verstandene oder lehnt es ab. Ähnlich hat er es in Avignon gehalten, nur mit einer anderen Einstellung den Richtern gegenüber.

Es geht aus dieser Schrift ferner die Überzeugung hervor, daß er in Avignon (im Gegensatz zu Köln) Verständnis und Niveau für sein Werk finden würde. Er erinnert an die Werke Alberts des Großen und die des Thomas von Aquin, denen erst an der Sorbonne und am Päpstl. Stuhl Gerechtigkeit widerfuhr. Er glaubte, daß es mit seinem Werke genau so ausgehen würde. Sein Standpunkt ist ferner der, daß er kein Ketzer sei und keiner sein wolle. Das Bewußtsein des letztlichen Wahrgehalts seines Werkes, aus dem heraus er sich getrost jeder Untersuchung stellen könne, dürfte der Untergrund jeder Erklärung und jeder Bereitschaft zum Widerruf gewesen sein.

Die Rechtfertigungsschrift liegt in deutscher Übersetzung von Otto *Karrer* und Herma *Piesch* vor. Erfurt 1927. (Genauen Titel s. o.). Für die lat. Urkunde gebe ich die Edition an von Gabriél *Théry:* Édition critique des pièces relatives au procès d'Eckhart contenues dans le manuscrit 33 b de la bibliothèque de Soest. In: Archives d'histoire doctrinale et littéraire du moyen âge, t. I, 1926, p. 129—268. Das Dokument ist weder bei Preger noch bei Denifle veröffentlicht, es wurde erst später aufgefunden. Die Verurteilungsbulle in Übs. in: Meister Eckehart. Dt. Pred. u. Trakt. Hrsg. u. übers. v. Josef *Quint*. München: Hanser 1963, S. 449 ff.

93 Heinrich von Schwan = Heinrich de Cigno.

94 Der Ort, an dem Meister Eckhart starb, ist unbekannt. Vermutlich war es Avignon.

[95] Zu diesem Kapitel wurde das Buch von Carl *Gröber:* Der Mystiker Heinrich Seuse. Gesch. s. Lebens. Entstehg. u. Echth. s. Werke, Freiburg i. B. 1941, benutzt.

[96] Aussage Meister Eckharts am Schluß des »Buchs der göttlichen Tröstung«. Dt. Werke V, Trakt. 1, S. 60, Z. 13 f. (Pfeiffer-Trakt. V, S. 447, Z. 32 f.).

[97] In der Lebensbeschreibung Seuses (Ausgabe Bihlmeyer S. 22), heißt es: »Under den andren erschein im och vor der selig meister Eghart . . . Von dem meister ward er bewiset, daz er waz in úberswenker guenlichi, in die sin sele blos vergoetet waz in gote.«

[98] Es ist hier gedacht an Seuses Versenkungsstunden »rueweli« oder »ruewli« genannt. Das Wort erscheint in der Ausgabe Bihlmeyer u. a. auf S. 17, 15; 101, 6; 124, 22; 386, 2.

[99] Zitiert nach der Pfeiffer-Predigt I, S. 9, Z. 30 ff.

[100] Verkürzter Pfeiffer-Text nach dem Spruch Nr. 67, S. 624, Z. 23 ff. Dort heißt es: »Er sprach ›dū maht heilig sīn: wer hāt dich heilic gemachet, bruoder?‹ ›Daz hāt mīn stille sitzen unde mīn hōch gedenken unde mīn vereinunge mit gote, daz hāt mich in den himel gezogen, wan ich kunde nie geruowen an deheinen dingen, daz minre was denne got . . .« Der Frager ist Meister Eckhart. Der Gesprächspartner antwortet ihm in seinem Sinne.

[101] Die Wilderer Gottes: Bezugnahme auf Seuses Wort »daz namlos wilde« oder »daz wilde«, mit dem er sich im »Büchlein der Wahrheit« auseinandersetzt. Es geht dabei um die Bereinigung naiver und plumper Eckhart-Mißverständnisse.

[102] Das »Büchlein der Wahrheit« hat Seuse aller Wahrscheinlichkeit nach zur Verteidigung Meister Eckharts geschrieben. Er hat damit nicht nur außerordentlichen Mut bewiesen, der um so stärker wiegt, als er von Natur aus zart und ängstlich war, sondern auch größte Anfeindungen auf sich gezogen, verbunden mit Bußwegen, Erkrankung, Verlust des Lektoramtes u. a. Diese Deutung der in der Vita beschriebenen Leiden und der in der lat. Schrift »Horologium Sapientiae« symbolisch angedeuteten Zusammenhänge gibt Carl Gröber in seinem oben angegebenen Buch.

INHALTSVERZEICHNIS